MARCO POLO

MOSKAU

MARCO POLO KOAUTORIN

Katrin Scheib

Katrin Scheib ist Journalistin und lebt in Moskau. Sie arbeitet als Social-Media-Redakteurin bei der Moscow Times, singt zusammen mit Musikern aus Russland und aller Welt im Moskauer Internationalen Chor und bloggt über den russischen Alltag. Auf ihrem Handy kommen jede Woche ein paar neue Fotos von schönen Ecken in der Moskauer Metro hinzu.

REIN INS ERLEBEN

Mit dem digitalen Service von MARCO POLO sind Sie noch unbeschwerter unterwegs: Auf den Erlebnistouren zielsicher von A nach B navigieren oder aktuelle Infos abrufen – das und mehr ist nur noch einen Fingertipp entfernt.

Hier geht's lang zu den digitalen Extras:

http://go.marcopolo.de/mos

Touren-App

Ganz einfach orientieren und jederzeit wissen, wo genau Sie gerade sind: Die praktische App zu den Erlebnistouren sorgt dank Offline-Karte und Navigation dafür, dass Sie immer auf dem richtigen Weg sind. Außerdem zeigen Nummern alle empfohlenen Aktivitäten, Genuss-, Kultur- und Shoppingtipps entlang der Tour an.

HTTP://GO.MARCOPOLO.DE/MOS

Update-Service

Immer auf dem neuesten Stand in Ihrer Destination sein: Der Online-Update-Service bietet Ihnen nicht nur aktuelle Tipps und Termine, sondern auch Änderungen von Öffnungszeiten, Preisen oder anderen Angaben zu den Reiseführerinhalten. Einfach als PDF ausdrucken oder für Smartphone, Tablet oder E-Reader herunterladen.

SYMBOLE

- INSIDER TIPP – Insider-Tipp
- ★ – Highlight
- ●●●● – Best of ...
- Schöne Aussicht
- Grün & fair: für ökologische oder faire Aspekte
- (*) – kostenpflichtige Telefonnummer

PREISKATEGORIEN HOTELS

€€€ über 200 Euro
€€ 110–200 Euro
€ bis 110 Euro

Die Preise gelten für eine Übernachtung von zwei Personen im Doppelzimmer ohne Frühstück

PREISKATEGORIEN RESTAURANTS

€€€ über 20 Euro
€€ 12–20 Euro
€ bis 12 Euro

Die Preise gelten für ein für das jeweilige Lokal typisches Hauptgericht ohne Getränke

 Titelthemen: Juwelen unter Tage: Moskaus Metro S. 109 | Schatz im Silberwald S. 60

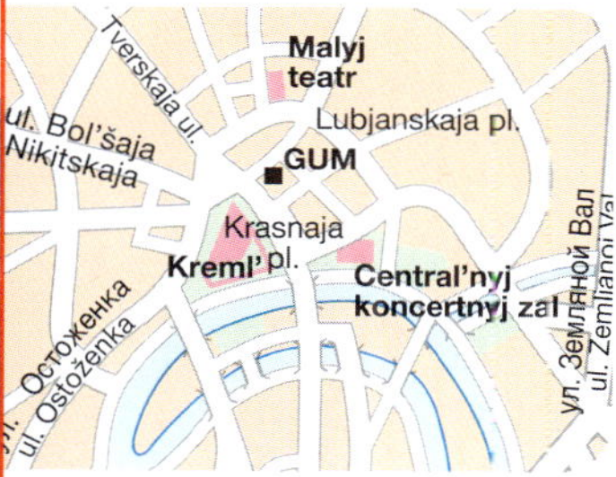

GUT ZU WISSEN

Entspannen & Genießen → S. 33
Promenieren & Performen → S. 52
Richtig fit! → S. 56
Gourmettempel → S. 68
Spezialitäten → S. 70
Bücher & Filme → S. 85
Moskauer Sportschau → S. 93
Luxushotels → S. 98
Feiertage → S. 119
Währungsrechner → S. 127

KARTEN IM BAND
(134 A1) Seitenzahlen und Koordinaten verweisen auf den Cityatlas und die Übersichtskarte Moskau mit Umland auf S. 136/137
(0) Ort/Adresse liegt außerhalb des Kartenausschnitts
(U A1) Koordinaten verweisen auf die Umgebungskarte auf dem hinteren Umschlag

(🗺 A–B 2–3) verweist auf die herausnehmbare Faltkarte

UMSCHLAG VORN:
Die wichtigsten Highlights

UMSCHLAG HINTEN:
Liniennetzplan der öffentlichen Verkehrsmittel

INSIDER TIPP **Lauter stattliche Männer in historischen Uniformen**

Im Sommer findet samstags die *Parade des berittenen Kreml-Regiments* in schicken historischen Uniformen statt. Ein Event, das Sie unter keinen Umständen verpassen sollten (Foto o.) → S. 33

INSIDER TIPP **Schön warm durch den russischen Winter**

Sie fragen sich, wie die Moskauer Bürger im Winter ihre Füße vor dem klirrenden Frost schützen? Dann statten Sie doch einmal dem *Filzstiefelmuseum* einen Besuch ab. Dort warten die Antworten – paarweise → S. 57

INSIDER TIPP **Extrem gefährliches Naschwerk**

Russische Süßigkeiten und Pralinen gehören zu den besten der Welt. Die älteste Schokoladenfabrik Moskaus, *Roter Oktober* (Foto re.), stellt die gefährlichsten von ihnen her – zumindest, was die schlanke Linie betrifft → S. 80

INSIDER TIPP **Musik unter freiem Himmel**

Beim *Afisha-Picknick* in Kolomenskoje wird der Park zur Open-Air-Bühne für internationale Stars. Und zur Picknickdecke. Und zum Shoppingrasen → S. 119

INSIDER TIPP **Die Spionin und ihr Shop**

Einst soll sie für den KGB in Großbritannien und den USA gearbeitet haben. Heute verkauft Ex-Agentin *Anna Chapman* in der *Flacon-Designfabrik* ihre Abendkleider → S. 80

INSIDER TIPP **Jederzeit ist Frühstückszeit**

Singapur, Rio de Janiero oder Kapstadt? Im *Cook'kareku* können Sie in einer Zeitzone Ihrer Wahl frühstücken → S. 67

INSIDER TIPP **Ein Augenblick der Stille**

Individuell und abwechslungsreich sind die Cafés und Boutiquen rund um den *Patriarchenteich*. Lassen Sie sich treiben und genießen Sie die Ruhe → S. 53

INSIDER TIPP Höher, schneller, wilder

Beim *Ballett Moskwa* bieten junge Tänzer und Nachwuchs-Choreographen zeitgenössischen Tanz zu Strawinsky, Techno oder Klangcollagen – und gewinnen damit renommierte Preise → S. 87

INSIDER TIPP Essen wie am Polarkreis

Was Eismeeranwohnern schmeckt, ist im *Expedicia* zwar nicht ganz billig, dafür aber ausgezeichnet. Auf der Karte stehen Rentierfilet und Elchkoteletts → S. 69

INSIDER TIPP Siegestanz

Die Anzahl der Kriegsveteranen wird zwar immer geringer, aber nach wie vor tanzen sie – jedes Jahr am 9. Mai → S. 118

INSIDER TIPP Himmlische Ruhe

Das *Mariä-Geburts-Kloster* ist eines der Wehrklöster rund um das historische Moskau. Tauchen Sie ein in die Stille und besinnen Sie sich inmitten des Hauptstadttrubels einen Moment lang auf sich → S. 40

INSIDER TIPP Stimme im Ohr

Kein Reiseleiter, dafür eine geheimnisvolle Stimme im Ohr: *Remote Moscow*, halb Stadtrundgang, halb Performance, zeigt Ihnen das Moskau abseits großer Sehenswürdigkeiten → S. 52

INSIDER TIPP Billige Blini edel serviert

Das *Café Puschkin* ist eine weit über Russlands Grenzen hinaus bekannte Moskauer Institution – sein günstiger *Business Lunch* aber immer noch etwas für Eingeweihte → S. 69

INSIDER TIPP Keller-Schnäppchen

Steigen Vintage-Fans die Treppe hinab ins *Frik Frak*, finden sie tolle Kleidung, Hüte und Accessoires – aus zweiter Hand und ganz günstig → S. 80

INSIDER TIPP Zimmer mit Aussicht

Statt Büros für Banker entstand in einem Wolkenkratzer in Moscow City das *High Level Hostel* mit großem Rundumblick für kleines Geld → S. 101

BEST OF ...

TOLLE ORTE ZUM NULLTARIF

Neues entdecken und den Geldbeutel schonen

SPAREN

Tanzend in den Abend

Salsa, Tango oder Cha Cha Cha – die *Tanzkurse* im Gorki-Park bieten für jeden Geschmack etwas. Im Sommer wird der Asphalt am frühen Abend zur größten Tanzfläche der Stadt. Jeder darf teilnehmen – kostenlos und ohne Anmeldung → S. 46

Stadtrundfahrt

Nicht mal einen Euro kostet eine Stadtrundfahrt in eigener Regie. Steigen Sie am Park Pobedy in den *Bus Nr. 2* und fahren sie bis zur Lenin-Bibliothek. Von dort erreichen Sie den Kreml und den Roten Platz zu Fuß. Auf der Strecke stadteinwärts passieren Sie unter anderem das Weiße Haus, das Regierungsgebäude → S. 60

Nachwuchsmusiker

Zukünftige Klassikstars begegnen Ihnen in der *Gnesin-Musikakademie*. Die Konzerte der Musikstudenten sind hörenswert und kostenlos → S. 90

Auf zwei Rädern unterwegs

Moskau ist sicherlich noch längst kein Mekka für Radfahrer, aber im Zentrum sowie an Parks und Grünanlagen gibt es inzwischen wie in vielen anderen Metropolen einige Dutzend Leihstationen, an denen Sie die Drahtesel von *Velobike* mieten können. Die erste halbe Stunde auf dem Rad ist kostenlos → S. 124

Altehrwürdige Architektur

Im schönen *Freilichtmuseum Kolomenskoje* können Sie auf den 390 ha Fläche der einstigen Zarenresidenz ganz kostenlos die Entwicklung der russischen Architektur bewundern (Foto) → S. 57

Erfrischung am Stadtrand

Vogelstimmen statt Straßenlärm, Gras unter den Füßen statt Asphalt. Im *Silberwald* am westlichen Stadtwald liegt an der Moskwa eine populäre Badestelle. Hier schwimmen sie nicht im Strom der Massen von Metropassagieren, sondern im kühlen Wasser – ganz ohne Eintritt → S. 60

TYPISCH MOSKAU

Das erleben Sie nur hier

Großer Glanz im Bolschoi

Märchenhafte Opern und Ballett in klassischem Interieur. Das renovierte Haus ist noch eindrucksvoller, der Glanz der Zarenzeit wiederhergestellt worden. Neben klassischen Inszenierungen gibt es hier auch Bühnenexperimente, die heftig diskutiert werden (Foto) → S. 88

Eislaufen

Diese Leidenschaft kommt wohl aus jener Zeit, als die Sowjetunion Medaillen sammelte und Kinder überall dem Puck hinterherjagten. Auf der *Eisbahn,* die von November bis März auf dem Roten Platz aufgebaut wird, geht es geruhsamer zu. Und auch im *Gorki-Park* kann man im Winter Schlittschuh fahren → S. 46, 37

Rund um den Wodka

Wollen Sie sich in der Kunst des Wodka-Brennens üben? Das Zubehör dafür finden Sie im *Wodka-Museum* auf dem Gelände des Kreml von Ismailowo. Dazu gibt es jede Menge zur Geschichte des Wässerchens → S. 60

Lenins letzte Ruhestätte

Für manche fast ein Heiligtum, für andere ein Ärgernis: Wie lange der einbalsamierte Gründer der Sowjetunion noch im *Lenin-Mausoleum* am Kreml liegen wird, ist nicht absehbar. Die Ehrenwache ist längst abgezogen, aber besichtigen kann man Wladimir Iljitsch Uljanow, genannt Lenin, immer noch → S. 37

Ostermesse

Wenn Ihr Moskaubesuch auf Ostern oder Weihnachten fällt, wohnen Sie einem der nächtlichen Gottesdienste bei. Keine Angst, die russisch-orthodoxen Gläubigen sind tolerant. Frauen sollten aber ihren Kopf bedecken. Besonders eindrucksvoll sind die Messen in der *Christ-Erlöser-Kathedrale* oder im *Neujungfrauenkloster* → S. 50, 61

Krieg und Frieden

Es ist ein ganz bescheidenes Holzhaus nicht weit vom Gorki-Park, in dem der große Dichter und Denker Lew Tolstoi lebte. Hier ist recht viel von der Atmosphäre des zaristischen Russlands erhalten geblieben – sogar eine Tonaufzeichnung Tolstois → S. 63

BEST OF ...

SCHÖN, AUCH WENN ES REGNET

Aktivitäten, die Laune machen

● *Kickern für Kopeken*

Im *Museum für Sowjetische Spielautomaten* kann man gut einen verregneten Nachmittag verspielen. Wem Kicker und Hasenjad zu einfach sind, der findet beim Verkehrszeichen-Raten schnell seinen Meister → S. 42

● *Shopping im Untergrund*

Unter dem Manegenplatz erstreckt sich die Shoppingmall *Ochotnyj Rjad* (Foto) über drei Etagen in den Untergrund. Oben gibt es Cafés und Restaurants mit Blick auf Alexandergarten und Kreml → S. 81

● *Hohe Kunst*

Regentage vergehen in den Moskauer Kunstmuseen wie im Flug. Ein Muss ist neben dem Puschkin-Museum die *Tretjakow-Galerie,* deren Sammlung von mittelalterlichen Ikonen bis hin zu Marc Chagall reicht → S. 48

REGEN

● *Was für ein Zirkus*

Auch ohne Russischkenntnisse ist der Besuch ein Riesenvergnügen. Die Clowns, Jongleure, Artisten und Dompteure im *Nikulin-Zirkus* haben Weltniveau → S. 117

● *Ab in den Zoo*

Viele Orte im Moskauer *Zoo* liegen regensicher im Trockenen: das Nachttierhaus, das Raubkatzen- sowie das Menschenaffengehege, das Terrarium und die Pavillons für die Papageien und Elefanten → S. 117

● *Durch den Regen schwimmen*

Über die Moskwa schippern, wenn dicke Tropfen vom Himmel fallen? Geht nicht? Und ob. Die Boote der *Radisson-Flotte* fahren 365 Tage im Jahr, ob es in Strömen gießt oder Eisschollen auf dem Fluss treiben. Unterm gläsernen Panoramadach bleibt jeder trocken → S. 123

ENTSPANNT ZURÜCKLEHNEN

Durchatmen, genießen und verwöhnen lassen

Dampf ablassen

Typisch russische Wellness ist die Banja, das traditionelle Dampfbad. In den Moskauer High-Class-Bädern wie der *Banja Sanduny* können Sie in schönem Ambiente entspannen, während nach dem Schwitzen der Nacken massiert wird oder Sie eine Maniküre bekommen → S. 33

In die Sterne schauen

Nichts über sich als die Sterne? Im Moskauer *Planetarium* können Sie sich nicht nur weiterbilden, sondern auch in die bequemen Sessel unter der riesigen Kuppel fallen lassen und den Ausblick genießen. Anschließend locken das 3-D-Kino und drei Cafés → S. 62

Essen so viel man will

An dunklen Wintertagen ist gutes Essen genau das Richtige für die Seele. Hotels wie das Hyatt oder das Metropol bieten in der kalten Jahreszeit einen *Sonntagsbrunch* an. Neben einem ausladenden Buffet sind meistens auch alkoholische Getränke inklusive → S. 98, 96

Rundum schön

Eine Oase der Ruhe mitten im Zentrum der Metropole finden Sie im luxuriösen Tretjakowskij Proesd. Der Salon *Tretjakow Spa* dort bietet alles: von Gesichts- bis Haarpflege über Antistress-Massage bis hin zu Pediküre → S. 82

Zeit ist Kleingeld

Im *Zifferblatt* bezahlen Sie für die Dauer Ihres Aufenthalts und nicht den Konsum. In dem gemütlich eingerichteten Café genießen Sie in aller Ruhe leckere Kekse und cremigen Kaffee, ohne dass Sie jemand von Ihrem Platz verscheucht → S. 67

Himmlische Ruhe

Wenn Sie das City-Getümmel leid sind, besuchen Sie doch die *Muttergottes-Von-Kasan-Kathedrale* (Foto) am Roten Platz. Zwischen den Gläubigen finden Sie sicher ein Plätzchen, wo Sie den Chorgesang eines russisch-orthodoxen Gottesdiensts auf sich wirken lassen können → S. 37

AUFTAKT

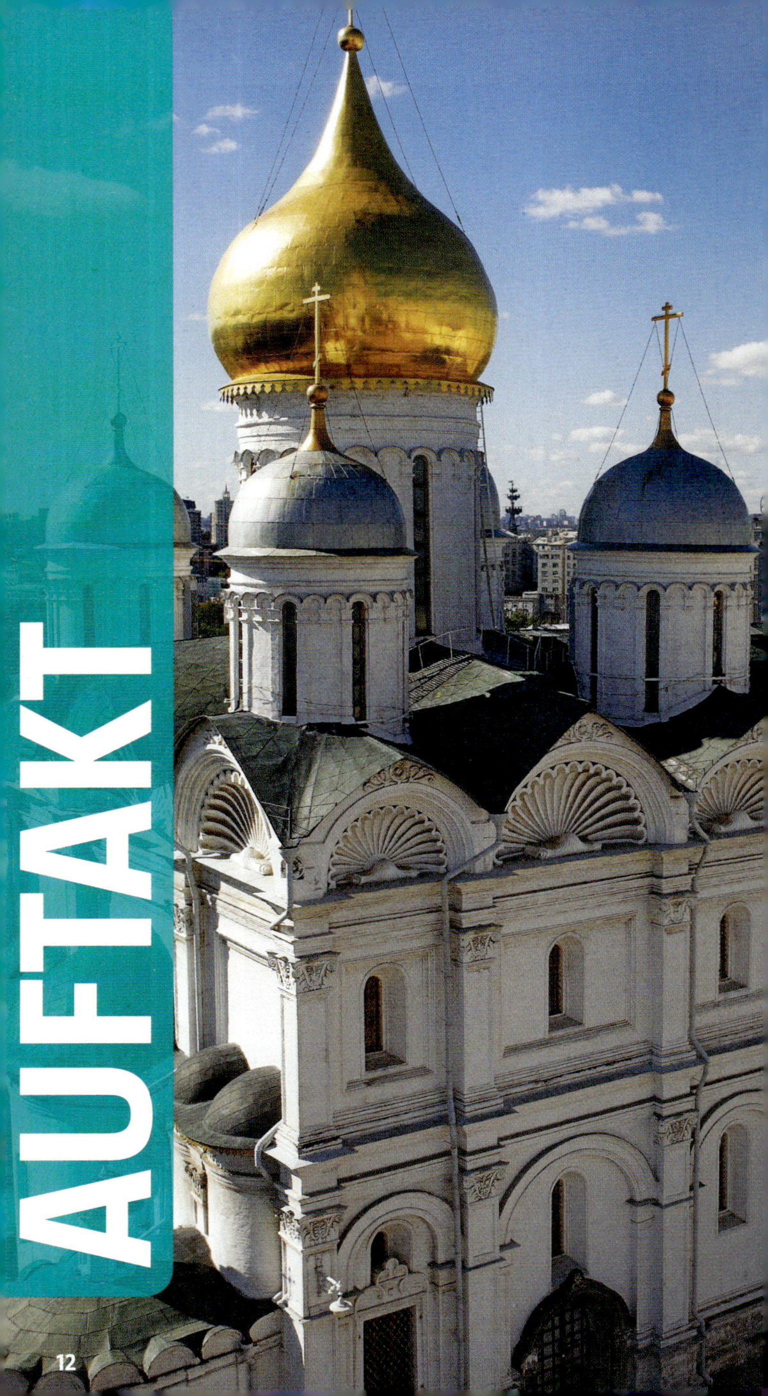

ENTDECKEN SIE MOSKAU!

Die Wirtschaft steckt in der ***Krise***, doch ***Moskau strahlt***: In der Nacht leuchtet nicht nur der ***Kreml***, auch Adelspaläste und ***Zuckerbäckerbauten***, Stuckfassaden und Zwiebeltürme, gläserne ***Hochhaustürme*** und prächtige Hotelfassaden liegen im Scheinwerferlicht. An Strom wird hier nicht gespart. Die Hauptstadt Russlands ist eine Megalopolis, die niemals schläft. Durch die Straßen wälzt sich ***dichter Verkehr***, selbst nach Mitternacht. Grelle Leuchtreklamen sollen Gäste in Geschäfte, Diskos und Bars locken. Sie ist Stadt der Studenten und Künstler, ***Gral des Nachtlebens***, Zentrum der Macht und der Geschäftswelt. Mit circa 12 Mio. Einwohnern ist Moskau die größte Metropole Europas.

Die Wirtschaftskrise der vergangenen Jahre, die westlichen ***Sanktionen*** und die hohen Kosten für die Infrastruktur auf der ***annektierten Krim*** haben allerdings auch in Moskau ihre Spuren hinterlassen: In den glänzenden Hochhäusern von Moscow City, dem als neuen Finanzdistrikt geplanten Viertel, stehen viele Räume leer. Der Pracht des historischen Moskaus dagegen konnte die Krise bisher nichts anhaben. Der ***Reichtum*** aus einem Sechstel der Erde wird in dieser Stadt immer noch zusammengetragen, schon seit Jahrhunderten. Von hier aus begannen die ***Großfürsten*** von Moskau

Bild: Platz der Kathedralen

einst nach der Befreiung vom Tatarenjoch die „Sammlung russischer Erde“. Moskau war das Herz Russlands, auch als die Hauptstadt rund zwei Jahrhunderte lang vorübergehend ***St. Petersburg*** hieß. Seit fast neun Jahrhunderten wird rund um den Kreml gebaut und gedichtet, werden ***Kulturschätze*** angehäuft, wurde ein ganzes ***Weltreich*** erobert und wurden ***Revolutionen*** geplant. All das ist hier zu sehen.

Die Metropole Moskau war schon immer das Herz Russlands

Bei Tag und Nacht ***flanieren*** sie vor den Kremlmauern: wettergegerbte Sibirier, Kaukasier, stolze ***Kirgisen***, neugierige Japaner und Chinesen, westeuropäische ***Touristen***, indische Turbanträger, neureiche Russen mit Goldkettchen und Handtäschchen, Schulkindergruppen, ***Milizionäre***, Studenten, junge Damen beim Schaulaufen, ***Rentnerinnen***, die heimlich Bierdosen aus der Reisetasche verkaufen. Moskau ist Treffpunkt von Asien und Europa.

Hier schlägt der ***Puls*** des russischen Staats. Auf dem Quadratkilometer zwischen Kreml und Ex-KGB-Zentrale liegen ***Parlament***, Verfassungsgericht und Präsidentenadministration, ***Lenin-Mausoleum*** sowie die Basilius-Kathedrale, das ***Bolschoi-Theater***, das Kaufhaus GUM und die prächtigsten Hotelbetriebe.

Moskau ist reich und ***riesig***. Drei Viertel des russischen Kapitals strömen in dieser Stadt zusammen. Und mit ihm kommen die Menschen aus der Provinz. Die starke

Finanzviertel Moscow City: Der Name klingt, als habe sich das Hauptstadtzentrum neu verortet

Zuwanderung ist eines der größten Probleme der Metropole. ***Ständig unterwegs***, in der überfüllten Metro, auf etlichen Märkten, immer in Eile, immer auf dem Sprung, so sind die Moskauer.

Aber es gibt auch ein neues, ***grünes*** und umweltschonenderes ***Bewusstsein*** in der russischen Metropole. Jahr für Jahr kommen im Stadtzentrum einige Kilometer an Fußgängerzonen hinzu. Auf den Flaniermeilen in der Nähe des Kreml und an der Moskwa entlang wird der Asphalt durch Granitplatten ersetzt. Auf Bänken und in Straßencafés sollen die gestressten Moskowiter künftig Kraft tanken. Aus den halb verwahrlosten Parks – wie dem Gorki- oder Sokolniki-Park – mit verrosteten Fahrgeschäften und billigem Bier sind moderne ***Freizeitzonen*** mit großen Liegewiesen, Spielplätzen, Tanzkursen, Restaurantterrassen, Livemusik im Freien und Leihstationen für ***Fahrräder*** geworden.

Die ganze Stadt ist sowohl quirliges Leben als auch Stein gewordene Geschichte. Man sieht es dem Stadtplan an, dass Moskau ***in Ringen*** rund um die Kremlmauern herum gewachsen ist. Die weiten Kreise der ehemaligen ***Befestigungsanlagen*** werden noch heute von den Heerstraßen durchbrochen, die vom Amtssitz des Präsidenten aus ***strahlenförmig*** in alle Teile des Lands führen. Außer dem Kreml und einigen Kirchen ist vom mittelalterlichen Moskau jedoch wenig geblieben. ***Zar Alexander I.*** ließ Moskau völlig neu aufbauen. Auch ***Stalins Generalplan*** für die Rekonstruktion der Innenstadt brachte 1935 tiefe Einschnitte.

Quirliges Leben und Stein gewordene Geschichte

Doch was sich heute abspielt, stellt alles in den Schatten. Keine europäische Metropole ***wächst*** so schnell wie die russische Hauptstadt. Hochhäuser schießen ***wie Pilze*** aus dem Boden. Baudenkmäler und alte Fassaden in der Innenstadt werden modernisiert, aber zumindest weitgehend erhalten. Prägten bisher Stalins Zuckerbäckerbauten das Stadtpanorama, werden diese nun von der Skyline der neuen Wolkenkratzer überragt. ***Höher, glänzender, schöner***: futuristische Glastürme, ***Betonklötze*** und verspielter Neo-Zuckerbäckerstil – so sehen die Symbole der staatlich vorangetriebenen ***Modernisierung*** aus. Der *Mercury City Tower* ist seit 2012 das ***höchste Gebäude Europas*** und verdrängte damit *The Shard* in London auf Platz zwei. Das Gebäude mit der weithin sichtbaren, kupferfarbenen Fassade ist 338,8 m hoch und nur einer von einem halben Dutzend neuer ***Wolkenkratzer***, die im Geschäftszentrum *Moscow City* nahe dem Weißen Haus, dem Regierungssitz, entstehen.

Sie haben Glück, wenn Sie aus dem Fenster Ihres Hotels in der Nacht nicht mehr das ***Brausen des Verkehrs*** hören. In der Innenstadt gilt Tempo 60, an den Ausfallstraßen sogar Tempo 80. Rund ***6 Mio. Pkw*** sind in Moskau registriert, darunter mehr Luxuskarossen europäischer Edelmarken als sonst irgendwo auf der Welt: ***Öl- und Gasdollars*** in ihrer prunkvollsten Form. Auch wenn Moskau eigentlich schon immer ***wohlhabend*** war.

Es muss ein **atemberaubender** Anblick gewesen sein, als Frankreichs Kaiser Napoleon I. 1812 vor den Toren der Stadt hielt und 1600 **goldene Kirchenkuppeln** in der Abendsonne vor ihm in den Himmel ragten. Nachdem die Türken 1453 Konstantinopel erobert hatten, fühlte sich Moskau als das Zentrum des **orthodoxen Christentums**. Und obwohl Zar Peter der Große die **Hauptstadt** nach St. Petersburg verlegte, um seine Regierung dem Moskauer Einfluss zu entziehen, blieb die Stadt an der Moskwa **geistliches Zentrum**.

Mehr Luxuskarossen als sonst irgendwo auf der Welt

Erst 1918 zog Lenin mit der **Sowjetregierung** wieder nach Moskau um. Die Sowjetzeit und den Kampf gegen die Religion überstand immerhin **ein Drittel der Kirchen** – als banales Baustofflager, Straßenbahndepot, Schwimmbad oder Jugendclub. Inzwischen werden jedoch fast überall wieder Gottesdienste abgehalten. Die übergroße Mehrheit der Moskauer ist heute wieder russisch-orthodox **getauft** – und auch stolz darauf.

Napoleon konnte Moskau (nach den Mongolen 1293 und den Polen 1605) zwar erobern – doch mit diesem Sieg im Herbst 1812 führte er seinen eigenen **Untergang** herbei. Der russische Oberbefehlshaber Kutusow ließ die Stadt **niederbrennen**, sodass Napoleons große Armee, ohnehin vom Nachschub abgeschnitten, keine Winterquartiere hatte und zum **verlustreichen Rückzug** gezwungen war. Nur der Kreml, Klöster, Kirchen und wenige Holzhäuser überstanden den großen Brand.

Zar Alexander I. ließ Moskau schließlich **streng nach Plan** wiederauferstehen, mit der Konsequenz, dass fast alle **Paläste** im Stadtzentrum nach 1812 gebaut wurden und damit noch relativ „jung" sind. Mit dem **Wirtschaftsaufschwung** zur nächsten Jahrhundertwende entstanden dann die bürgerlichen Stadtviertel mit regelmäßigen Straßenzügen und den typischen **Jugendstilbauten**. Radikal umgestaltet wurde die Innenstadt unter Stalin, der vor allem Großbauten im sozialistisch-imperialen Stil des **„Stalinbarock"** hinterließ. Nach dessen Tod wucherte die Hauptstadt mit **Plattenbauvierteln** vor allem in die Breite. Unter Michail Gorbatschow gab es bis zum Beginn der Perestroika kaum noch architektonische Großleistungen. Vielerorts wurden **Zweckbauten** rücksichtslos in alten Vierteln errichtet.

1985 kam Boris Jelzin dank der ***Perestroika*** als neuer Parteichef in den Kreml. Die Moskauer verehrten ihn, weil er die anderen Parteibonzen kritisierte und manchmal mit dem Trolleybus fuhr. Nach dem ***Putsch*** 1991 wurde der ***Volksheld*** ein Symbol für die Überwindung des Sowjetsystems, dann aber fiel er bei den Bürgern in Ungnade: Er wird noch heute von vielen dafür verantwortlich gemacht, dass in seinem Reformchaos die Mehrheit ***verarmte***, während einige ***Oligarchen*** Milliardenvermögen anhäufen konnten.

Nach dem Rücktritt Boris Jelzins konnte Wladimir Putin Russland ***stabilisieren*** und gewann damit den ***Rückhalt*** der Großzahl der Russen für sich. Unter Putin, Medwedew und danach wieder Putin arbeitete Russland an seiner Position als ***Wirtschaftsmacht*** und schmiedete neue Allianzen wie die BRICS-Bank. Und während die Opposition auf ***fehlende Meinungsfreiheit*** und ***Korruption*** hinweist, genießen viele Moskauer heute das Mittelschicht-Leben – fährt im Urlaub manchmal in den Westen, schmiedet ***Studienpläne*** für die Kinder und bevölkert die zahllosen Cafés und Bars der Hauptstadt. Wenn Sie heute durch die lebhaften Straßen der russischen Metropole spazieren, wenn Sie ***noble Geschäfte***, elegante Häuserfassaden und frisch renovierte ***Prachtmuseen*** passieren und die üppige Warenwelt der ***Märkte*** sehen, werden Sie kaum glauben, dass diese Stadt Anfang der 1990er-Jahre noch grau, trist und bedrückend war. Moskau blüht auf – in jeder Hinsicht, trotz aller Probleme. Und öffnet sich seinen Gästen aus aller Welt. Probieren Sie es aus!

Über ein Drittel aller Moskauer rechnet sich zur Mittelschicht

Moskaus Malls befriedigen auch die hohen Ansprüche des global trainierten Shoppervolks

IM TREND

Harte Tür

1

Nachtleben Wer sich in Moskau vergnügt ins Nachtleben stürzen will, steht gelegentlich vor verschlossenen Türen. Die Politik der Türsteher kann sehr streng sein – umso begehrter ist der Einlass in den In-Club. Wer dann aber auf der Dachterrasse der *Soho Rooms (Sawinskaja Nabereschnja 12/8 | www.sohorooms.com) (Foto re.)* steht, hat es geschafft. Das Edelambiente des Clubs samt Restaurant und Pool ist legendär. Dem prüfenden Blick des Türstehers müssen auch Besucher des *Krysha Mira (Kutusowski Prospekt 12/3 | www.kryshamira.ru)* standhalten – aber es lohnt sich. Die Lounge wartet mit entspannter Stimmung und guter Musik auf. Selbst manche Restaurants wie der In-Vegetarier *Latuk (Jauskaja Uliza 1/15 | Tel. 495 6 98 56 65)* weisen nicht angemeldete Gäste an der Tür ab.

Real Life Gaming

2

Quests Wem der Alltag in der russischen Hauptstadt nicht aufregend genug ist, der tut sich neuerdings mit Freunden für einen Quest zusammen. Gamer kennen den Begriff aus ihren Computerspielen, bei Anbietern wie *Claustrophobia (phobia.ru)* macht er den Schritt ins reale Moskauer Leben: Eine Stunde lang werden die Teilnehmer irgendwo in der Stadt in einen Raum gesperrt und müssen dort in passendem Ambiente einen erfolgreichen Banküberfall planen, ein Raumschiff vor der Selbstzerstörung retten oder wichtige Unterlagen eines Dissidenten an der Geheimpolizei vorbeischmuggeln. Beim *Projekt Neuron (project-neuron.ru)* sind als Szenarien eine Gameshow oder eine Leichenhalle im Angebot, bei *Kubirint (cubirint.ru)* fliehen die Teilnehmer vor Zombies. Wer seine Kreativität und Stressresistenz beweisen will, findet eine Übersicht an Quests unter *(questfinder.ru)*.

In Moskau gibt es viel Neues zu entdecken. Das Spannendste auf diesen Seiten

Extrem anziehend

3

Mode Etwas Mut gehört schon dazu, wenn man Konstantin Gaydays Entwürfe tragen will. Der Modeschöpfer ist für seine ausgefallenen Kreationen bekannt – ein Kopfschmuck aus Federn oder knallbunte Lederclutches gehören zu seinem Repertoire. Der Russe, dessen Entwürfe auch das Edelkaufhaus *ZUM (Uliza Petrowka 2 | www.tsum.ru)* führt, ist aber nur einer von einer ganzen Reihe avantgardistischer Designer. *Igor Gulayev (Nikolskaja Uliza 10 | www.igorgulyaev.com)* entwirft russische Haute Couture der Gegenwart, aber mit klassischen Zitaten aus Pelz und Spitze. Sein Showroom liegt in Kitaigorod. Eine breite Auswahl an Designs der schneidernden Nachwuchstalente gibt es bei *Ruspublica (Filippowskij Pereulok 7 | www.ruspublica.ru)*.

Stock & Stein

4

Parkour Der urbane Extremsport hat längst auch in der russischen Hauptstadt seinen Exotenstatus hinter sich gelassen. Beim Parkour werden Hindernisse kunstvoll und auf komplett andere Weise überwunden, als Architektur und öffentlicher Verkehr das vorgeben. Wie das geht, zeigt das Parkour-Festival, das die *Moscow Parkour Academy (www.parkouracademy.ru) (Foto)* organisiert. Die Gruppe gibt täglich Kurse für Anfänger und Fortgeschrittene. Bis November findet das Training im Freien statt, danach in der Halle. Auch Kurse mit einem englischsprachigen Trainer sind möglich. Ein weiterer Parkour-Anbieter ist das *Team Street Union (www.suteam.ru)*. Wer sich lieber selbst auf die Suche nach Gleichgesinnten oder Veranstaltungen in Moskau machen will, wird auf *www.traceurbook.ru* fündig.

FAKTEN, MENSCHEN & NEWS

BANJA

In der Banja, dem der finnischen Sauna ähnlichen russischen Dampfbad, geht es um körperliche Sauberkeit, aber auch um die Pflege der Seele. Der Banja-Besuch ist in jedem Fall ein Ereignis. Egal, ob es die traute Familien-Banja oder die städtische Groß-Banja ist, in der Männer und Frauen getrennt schwitzen müssen, die Dorf-Banja oder die private Luxus-Banja im neurussischen „Townhouse", sie fördert die Gesundheit und ebenso die menschlichen Beziehungen. Hier treffen sich alle – Bonzen und Bosse, Präsidenten und Bundeskanzler, ja selbst der ehrwürdige Patriarch der russisch-orthodoxen Kirche. Hier werden Geburtstage gefeiert, Geheimnisse besprochen und Intrigen geschmiedet.

BLAULICHT UND BLECHLAWINE

Es gibt wohl keine Hauptstadt ohne Staatsbesuche, ohne Weiße Mäuse, schwarze Limousinenkolonnen und Staus. Für die Moskauer gehört der Staatsbesuch jedoch zum Alltag. Wenn der Präsident mit großem Tross von seinem Landsitz in den Kreml rollt und Minister und Abgeordnete zur Arbeit fahren, staut sich zum Ärger der Bürger die Blechlawine vor der Innenstadt achtspurig, und das oftmals stundenlang. Da viele Politiker und Spitzenbeamte zudem die Lizenz für das Blaulicht haben, vergrößern sie das Chaos nur noch. Fußgänger am Straßenrand sollten dem Impuls widerstehen, ein Foto vom vorbeirauschenden Präsidenten-

 Bild: Matroschkas – Souvenir und Symbol Russlands

Von der Banja bis zu Zuckerbäckerbauten – Wissenswertes über die Vorlieben der Moskauer und die Besonderheiten ihrer Stadt

konvoi zu machen. Andere Passanten entpuppen sich sonst schnell als Sicherheitsleute, die das unterbinden. Bisher konnten die Verkehrsprobleme Moskaus auch durch Stadtautobahnen nicht gelöst werden. Auch dass der Präsident mittlerweile oft mit dem Hubschrauber in den Kreml fliegt, hat die Situation nicht verbessert.

DATSCHA

Wer in Moskau war und keine Datscha besucht hat, hat Russland nicht gesehen. Die Datscha kann ein Palast oder eine Hütte sein, die Vorstadtvilla eines Oligarchen oder die Gartenlaube des alten Ehepaars, das mit eigenem Gemüse die Rente streckt. Sie kann in einer alten Datschensiedlung vor der Stadt stehen – oder 100 km entfernt direkt im Wald. Datscha – das Wort allein lässt russische Herzen höherschlagen. Wie die Banja ist sie Fluchtpunkt aus dem Alltags- und Metropolenstress. Und Verkörperung einer nationalen Idee: eigener Boden und Freiheit.

DIALOG DER KULTUREN

Es gibt in Moskau kein Getto, kein Chinatown oder Kaukasierviertel. Dabei sind dort alle 126 Nationen der russischen Föderation vertreten. Alteingesessene, aber auch Wanderarbeiter aus der Ex-UdSSR, Chinesen, Vietnamesen und Inder; mittelasiatische Gemüsehändler, Studenten und Unternehmer. Die einen sind stolz, Georgier, Armenier oder Aserbaidschaner zu sein, die anderen pflegen ihre kasachischen oder kirgisischen Wurzeln. Moskau ist dabei kein Schmelztiegel, sondern eher Bühne für den Dialog der Kulturen in allen Formen, auf Märkten und in Restaurants, in Theatern und Kinos. Russisch-orthodox ist die Mehrheit, aber neben den Zwiebeltürmen stehen auch katholische und evangelische Kirchen, Moscheen und Synagogen in der Stadt. Moskau ist damit zwar eine europäische Metropole, aber auch Treffpunkt für Europa und Asien.

IKONEN

Ikonen sind nicht einfach bloß Kunstwerke und Heiligenbilder, sondern haben in der russisch-orthodoxen Kirche eine ganz besondere Bedeutung. Sie sind Ausdruck der Spiritualität der Gläubigen. Die Bilder von Christus, Maria und anderen Heiligen werden zutiefst verehrt, weil sie wie ein Fenster zum Himmel wirken. Im Sichtbaren wird das Unsichtbare gesehen. Manche Ikonen gelten gar als wundertätig. Die Kunst der Ikonenmalerei ist so alt wie die Kirche selbst. Die nach historischen, strengen Regeln meist auf Holz gemalten, manchmal vergoldeten Werke können sehr wertvoll sein, wenn sie von alten Meistern stammen. Ohne Genehmigung dürfen Ikonen deshalb keinesfalls exportiert werden.

Moskauer lesen immer und überall – in Metro, Bus oder ganz entspannt am Wasser im Gorki-Park

GOLDENE KUPPELN

Zur Zarenzeit nannte man Moskau auch „die Goldköpfige" oder „das dritte Rom". 40 x 40 Kirchen zeugten vom Reichtum von Staat und Bürgern. Oft errichtete ein reich gewordener Kaufmann eine Hauskirche – aus Dankbarkeit und um die Sündenlast zu mindern. Ein Drittel dieser Kirchen hat die Sowjetzeit überstanden, da sie als Baustofflager oder

Straßenbahndepots genutzt worden waren. Inzwischen gehören sie aber wieder der Kirche, und es wird auch wieder gespendet. Für Touristen kaum zu erkennen ist, welche der Gotteshäuser im Stadtbild nur restauriert und welche aus Spenden völlig neu aufgebaut wurden. So geschehen beispielsweise bei der Christ-Erlöser-Kathedrale oder der Kapelle vor dem Innenministerium am Oktoberplatz, die dort einen Kontrapunkt zu dem letzten großen Lenindenkmal der Stadt bildet.

KIRCHE

Weil die Gottesdienste im alten Byzanz so schön prunkvoll waren, ließ sich angeblich der Kiewer Großfürst Wladimir 988 nach dem Vorbild der byzantinischen Ostkirche orthodox und nicht katholisch taufen. Damit legte er den Grundstein für die Verbreitung des orthodoxen Glaubens in Russland. Im Gegensatz zur katholischen Kirche lehnt sie die Führung durch den Vatikan ab. Ihr Oberhaupt ist der weißbärtige Patriarch von Moskau und ganz Russland. Er gilt nicht wie der Papst als Stellvertreter Gottes auf Erden, sondern nur als dessen erster Diener. Bis heute hält die russisch-orthodoxe Kirche am julianischen Kirchenkalender fest, der gegenüber dem westlichen und dem weltlichen Kalender inzwischen um 13 Tage verschoben ist. Im Zarenreich wurde die Kirche als Stütze des Staates reich, verlor aber nach der Oktoberrevolution an Wohlstand und Einfluss. Viele Kirchen wurden enteignet, als Lagerhallen oder Ähnliches zweckentfremdet. Erst die Perestroika Gorbatschows machte die Wiedergeburt der Kirche möglich. Und der Glaube boomt wieder, nicht nur bei den ganz normalen Russen. Liest der ehrwürdige Patriarch Kyrill I. heute die prächtigen Weihnachts- und Ostermessen in der Christ-Erlöser-Kathedrale, ist auch die Kremlspitze dabei.

KWASS UND MJODOWUCHA

Bevor die Russen im 14. Jh. auf den Wodka kamen, tranken sie Mjodowucha (Honigmet) oder Kwass, ein sprudelndes, fast alkoholfreies Gärgetränk auf Schwarzbrotbasis. Während Mjodowucha gegenwärtig nur noch recht selten getrunken wird, ist Kwass als Familiengetränk immer noch weit verbreitet. Kwass gibt es in jedem Supermarkt und in den meisten russischen Restaurants. Ganz alkoholfrei und sehr schmackhaft ist auch Mors, ein Saft aus Moos-, Preisel- oder anderen Beeren.

LENIN

„Besuchen Sie Lenin, solange er noch daliegt", könnte man fast sagen angesichts der Diskussionen, ob der Führer des Weltproletariats und Gründer der Sowjetunion besser neben seiner Mutter in St. Petersburg begraben oder auf eine Wanderausstellung geschickt werden sollte, um den roten Granitwürfel auf dem Roten Platz zu räumen. Den martialischen Wachwechsel vor dem Mausoleum an der Kremlmauer gibt es bereits nicht mehr. Auch bei den Siegesparaden am 9. Mai steht die Staatsspitze nicht mehr auf dem Mausoleum. Bislang kann man den kunstvoll konservierten Lenin noch besuchen. Und manch ein neureicher Russe hat sich beim Pflegepersonal für die Zeit nach dem eigenen Tod schon die fachgerechte Einbalsamierung bestellt.

LESEN

Die Moskauer lieben das Lesen. Wo sie gehen und stehen, haben sie ihre Lektüre dabei. Ob jung oder alt, selbst im dichtesten Berufsverkehr, in Bussen und auf den Rolltreppen der Metro stehen sie ganz vertieft – in Tolstois „Krieg und Frieden", in ein Management-Journal oder den letzten Band der „Tribute von Panem" – und das, obwohl dank Smartphones und kostenlosem Metro-Wifi den Pendlern auch andere Möglichkeiten des Zeitvertreibs offenstehen. Die einen bilden sich weiter, die anderen vertreiben sich die Zeit. Russland erlebt einen Bildungs- und Bücherboom. In manchen Cafés wirkt der angeschlossene Buchladen gar als Publikumsmagnet bis morgens früh um vier. Immer öfter sieht man in der Metro in ihr E-Book vertiefte Leser.

MATROSCHKA

Die erste Matroschka erblickte als bescheidenes Kinderspielzeug um 1900 in Moskau das Licht der Welt. Die bemalten Holzpüppchen sind inzwischen aber zum begehrten Sammler- und Kunstobjekt und zu einem der Symbole Russlands geworden: Egal, ob in traditionellen Motiven, mit Politikern oder Fußballteams – unter der glänzenden Oberfläche steckt immer noch eine weitere Überraschung.

METRO-DURCHSAGEN

Achten Sie bei der Fahrt mit der Metro mal auf die Durchsagen: Stadteinwärts hören Sie eine Männerstimme, stadtauswärts eine Frau. Moskauer erklären das gern damit, dass der Chef zur Arbeit ruft und die Ehefrau zurück nach Hause in den Vorort. Und das, obwohl Russinnen seit Sowjetzeiten berufstätig sind und viele Unternehmen sich inzwischen lieber am Stadtrand niederlassen, wo die Büromieten günstiger sind.

SELFIES

Die russische Liebe zum Selfie ist in der Hauptstadt besonders ausgeprägt. Vor allem bei jungen Frauen ist es nicht unüblich, mehrfach am Tag zu dokumentieren, in welchem Outfit sie gerade in der Hauptstadt unterwegs sind. Für Besucher heißt das: Nicht wundern, wenn im Puschkin-Museum, auf der Treppe der Basilius-Kathedrale oder auf dem Metro-Bahnsteig plötzlich jemand stehen bleibt und mit ausgestrecktem Handy-Arm für ein Foto posiert. Gehen Sie weiter – oder lächeln Sie und freuen Sie sich, nun als Hintergrund auf einem Moskauer Instagram-Account verewigt zu sein.

TRINKSPRÜCHE

Trinksprüche sind in Russland sehr viel üblicher als in Deutschland und auch deutlich länger. Mit einem schlichten „Prost" ist es da nicht getan. Stattdessen geht es um Freundschaft, Frauen, Völkerverständigung in einer meist wirklich von Herzen kommenden, kunstvoll-witzigen Tischrede, in der die gemeinsamen Probleme oder die Anwesenden direkt angesprochen werden. Versuchen Sie es mal!

UNTERFÜHRUNGEN

Die Metro ist nicht das einzig Sehenswerte im Moskauer Untergrund. Damit der Verkehr auf den vielspurigen Straßen nicht durch Ampeln ausgebremst wird, müssen Fußgänger sie unterqueren. Mit Kinderwagen oder gar im Rollstuhl ist das lästig bis unmöglich. Andererseits gibt es in den *Perehods* vom Straßenmusiker über Stände mit Gebäck bis zu Kiosken mit Strumpfhosen wieder kleine Überraschungen. Wer etwa von der Neuen Tretjakow-Galerie rüber zum Gorki-Park will, trifft in der Unterführung reihenweise Maler, die ihre Werke verkaufen - von Kitsch bis Kunst.

WODKA

Wodka gilt als Nationalgetränk, tatsächlich wurde er aber von polnischen Kaufleuten erst im 14. Jh. ins Land gebracht. Der russische Forscher Dmitri Mendelejew entdeckte aber, dass 40-prozentiger Wodka am bekömmlichsten ist. Zar Iwan der Schreckliche verhängte als

Erster ein Staatsmonopol für den Wodkaausschank, um damit seine Berufsarmee der Strelitzen zu finanzieren. Erst unter Boris Jelzin wurde das staatliche Wodkamonopol abgeschafft; immer wieder wird über seine Wiedereinführung diskutiert. Trunksucht und gepanschter Wodka sind ein Riesenproblem für Russland. Jedes Jahr sterben 70 000 Menschen an gepanschtem Alkohol.

WOHNSILOS

Die sowjetischen Mietskasernen waren eine Notlösung für die Wohnungsnot nach dem Zweiten Weltkrieg. Staatschef Nikita Chruschtschow musste Wohnraum für all jene Menschen schaffen, die in die Städte strömten. Die später „Chruschtschowka" getauften fünfstöckigen Wohnsilos, die auf Entwürfe Le Corbusiers zurückgingen, prägten neben den Zuckerbäckerhochhäusern das Bild der Stadt. Es folgten immer höhere, größere Plattenbauten. Moskauer können an der Stockwerkzahl ablesen, unter welchem Generalsekretär ein Haus gebaut wurde. 16 Etagen, sechs Treppenhäuser, 400 Wohnungen – das war der späte Leonid Breschnew. Abseits von Moskaus historischem Zentrum gibt es immer noch ganze Plattenbauviertel. Doch Armengettos sind sie nicht; ihre Bewohner kommen aus allen Schichten. Seit Gorbatschow konnten die meisten Moskauer ihre Wohnungen kaufen und zum Teil luxuriös ausbauen. Inzwischen werden weiträumig alte „Chruschtschowkas" abgerissen und die Bewohner in neue riesige Hochhäuser umgesiedelt, deren Wohnwert auch umstritten ist.

Stalins pompöses Erbe für Russlands Studenten: die Lomonossow-Universität im Zuckerbäckerstil

ZUCKERBÄCKERBAUTEN

Seit Jahrzehnten prägen sie das Stadtbild: die bis 1954 erbauten Hochhäuser im Zuckerbäckerstil. Die pseudogotischen Monumentalbauten – die Lomonossow-Universität, das Außen- und das Eisenbahnministerium, zwei Hotels und zwei Wohnhäuser – sollten den Sieg der Sowjetunion verkünden. Sie bleiben Wahrzeichen Moskaus, auch wenn einige der neuen Glas-Beton-Bauten der Ära Putin sie inzwischen überragen.

SEHENSWERTES

WOHIN ZUERST?
Kreml (134–135 B–D 3–5) *(🕮 G10–11):* Von hier aus erobern Sie Moskau am besten. Fahren Sie mit der Metro (Linien 1, 2, 4 zu den Stationen Ochotnyj Rjad, Teatralnaja, Aleksandrowski Sad). In direkter Kremlnähe liegen der Rote Platz, das Bolschoi-Theater, Alexandergarten, Manege, die Christ-Erlöser-Kathedrale und jenseits der Moskwa die Tretjakow-Galerie.

Das schönste Panorama von Moskau liegt Ihnen zu Füßen, wenn Sie hoch über der Moskwa auf den Sperlingsbergen südwestlich des Zentrums stehen: der weite, grün bewaldete Bogen des Flusses, das Neujungfrauenkloster linker Hand, malerisch wie eine kleine befestigte Stadt, und gold glänzende Kirchenkuppeln.

In der Ferne sehen Sie die Kremltürme mit ihren roten Sternen und die Zuckerbäckerbauten der Stalinära, die einst Moskaus Silhouette ausmachten. Heute prägen die bis in die Wolken ragenden Glastürme von *Moscow City* die Skyline der russischen Hauptstadt. Und es werden immer mehr, wie die vielen Baukräne zeigen. Moskau ist schon mittendrin im neuen Jahrtausend.

Wenn Sie Sehenswürdigkeiten außerhalb des Zentrums wie die Sperlingsberge schnell erreichen wollen, dann weichen Sie in den Moskauer Untergrund

 Bild: Alexandergarten und Manegenplatz

Moskaus Fülle wird Sie in Atem und auf den Beinen halten. Wie schön, dass auf Schritt und Tritt Plätze zum Verschnaufen einladen

aus. Die Metro ist mit ihren alten, prunkvollen Stationen schon eine Sehenswürdigkeit für sich. Und die U-Bahn bringt Sie meist in nur einer halben Stunde aus der Innenstadt in die Plattenbauviertel der Außenbezirke, in denen auch alte Parkanlagen sowie Museen in romantischen Adelspalästen auf Sie warten.

Das Wichtigste liegt im Zentrum, rund um den Kreml: die Schatzkammer der Zaren im Kreml, die Kremlkirchen, der Rote Platz, das Lenin-Mausoleum, das Bolschoi-Theater, die Gemäldesammlung der Tretjakow-Galerie, das Troja-Gold im Puschkin-Museum, Kunstmuseen, Dichterwohnungen und historische Klosteranlagen hinter weißen Mauern. Jahre würden kaum ausreichen, um all das zu besichtigen. Die tausendjährige Geschichte des russischen Reichs ist stets ebenso präsent wie die sieben Jahrzehnte, in denen Moskau erst das Zentrum der Weltrevolution sein wollte und dann die Hauptstadt einer Supermacht war. Fast überall finden Sie architektonische Zeugen aller Epochen.

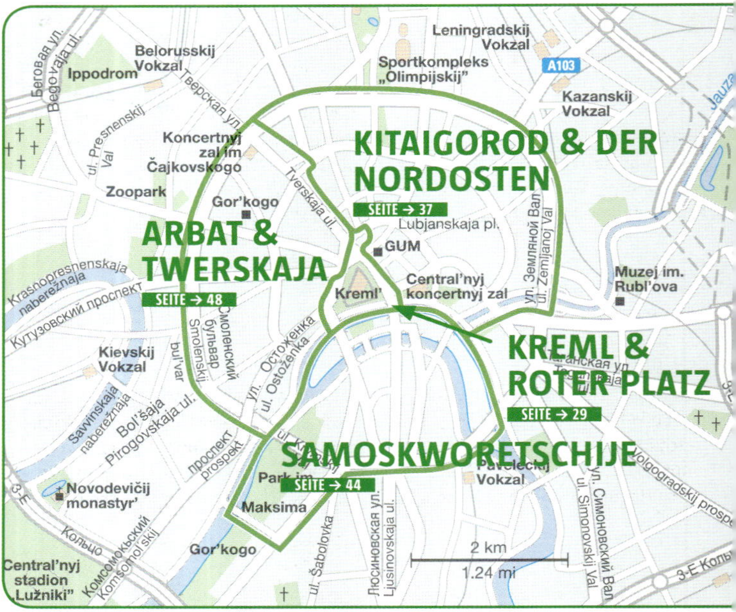

Die Karte zeigt die Einteilung der interessantesten Stadtviertel. Bei jedem Viertel finden Sie eine Detailkarte, in der alle beschriebenen Sehenswürdigkeiten mit einer Nummer verzeichnet sind

Die meisten Sehenswürdigkeiten in der City von Moskau sind zu Fuß gut erreichbar. Aber unterschätzen Sie die Entfernungen nicht. Dennoch ist ein Spaziergang nach wie vor die beste Möglichkeit, das rasante Tempo und das Ausmaß der Modernisierung in der Stadt zu erspüren. Vieles wirkt inzwischen auf den ersten Blick so, als wäre Moskau die größte europäische Millionenstadt. Doch der Schein trügt. Kultur und Traditionen haben ihre Wurzeln zwar in Europa, doch Gegenwart und Zukunft der Metropole liegen auch im Osten und in der Öffnung dorthin. Dieses spezielle Spannungsfeld unterscheidet Moskau von anderen Großstädten Europas, genauso wie natürlich auch die jüngere Geschichte der russischen Nation. Auf solche reizvollen Gegensätze und Widersprüche stoßen Sie bei Ihrer Besichtigungstour durch Russlands Metropole garantiert auf Schritt und Tritt. Ganz egal, ob Sie in Museen, Kirchen und Klöstern in die Geschichte der Weltstadt eintauchen oder den raschen Puls des modernen Moskau selbst dann noch spüren, wenn Sie in einem Café im Gorki-Park entspannen.

Einige Anmerkungen in und an Sehenswürdigkeiten sind in englischer Sprache verfasst, dennoch besteht in kleineren Museen Verbesserungsbedarf. In einigen Einrichtungen bezahlen Ausländer mehr als Einheimische, Studenten erhalten oft ermäßigten Eintritt. Für Foto- und Videoaufnahmen müssen Sie in einigen Museen extra bezahlen.

KREML & ROTER PLATZ

Hinter den Kremlmauern mit ihren Zacken liegt das Zentrum der russischen Staatsmacht. Von hier aus regiert der Präsident ganz Russland.

Der Amtssitz ist zugleich einzigartiger Museums- und Kulturkomplex, der mit seinen Kunstschätzen, Kirchen und Zarengräbern für jedermann zugänglich ist. Draußen vor der Kremlmauer erinnert Lenins Mausoleum an Sowjetzeiten. Der Rote Platz wird von Monumenten der Macht, des Glaubens und des Geschäfts begrenzt: Kremlmauer auf der einen Seite, Basilius-Kathedrale, Kaufhaus GUM und Historisches Museum auf den anderen. Seit das ... neben dem Museum ... ist, können keine Inte... ten mehr zur Parade ro... ...essen flanieren hier heute die Moskauer Bürger und ihre Gäste rund um den Kreml, vom Roten Platz durch den stillen Alexandergarten zu den Straßencafés am Manegenplatz. *Metro 1, 2, 3, 4 Ochotnyj Rjad, Teatralnaja, Ploschad Revoluzii, Aleksandrowski Sad, Biblioteka Imeni Lenina*

1 ALEXANDERGARTEN (ALEKSANDROWSKI SAD)

(134 B–C 3–5) (*G10–11*)

Wo heute der Alexandergarten liegt, floss bis 1822 das Flüsschen Neglinnaja an der Kremlmauer entlang. Weil es für die Befestigung überflüssig war, ließ Zar Alexander I. es in unterirdische Rohre

MARCO POLO HIGHLIGHTS

★ **Freilichtmuseum Kolomenskoje**
Uralte Kirchen und Holzhäuser → S. 57

★ **Kreml**
Das Herz von Moskau: Stadtburg, Kirchen und Zentrum der Macht in einem → S. 32

★ **Christ-Erlöser-Kathedrale**
Die wichtigste Kathedrale der russisch-orthodoxen Kirche → S. 50

★ **Neujungfrauenkloster**
Hinter diesen Mauern verschwanden unbequeme Ehefrauen → S. 61

★ **Roter Oktober**
Backstein trifft Street Art → S. 55

★ **Tretjakow-Galerie**
100 000 Werke aller Epochen und Länder → S. 48

★ **Manege**
Imposanter Ausstellungssaal im Marstall der Zaren → S. 52

★ **Garage**
Bunter Mix aus Ausstellungen, Vorträgen und Workshops → S. 46

★ **Puschkin-Museum**
Vom Troja-Gold bis zum Impressionismus → S. 54

★ **Roter Platz**
Russlands gute Stube → S. 37

★ **Basilius-Kathedrale**
Iwan der Schreckliche ließ ihre Baumeister blenden → S. 30

★ **Klosterstadt Sergijew Possad**
Wallfahrtsort in ländlicher Abgeschiedenheit → S. 59

★ **Gorki-Park**
Grüne Oase für Sport und Erholung → S. 46

★ **Jüdisches Museum**
Einzigartig in Moskau: interaktiv und mit 3-D-Kino → S. 58

legen und einen Lustgarten schaffen. Am *Grabmal des unbekannten Soldaten* im nördlichen Parkteil brennt eine ewige Flamme, stündlich wechselt die Ehrenwache. 1967 wurden hier Rotarmisten begraben, die bei der Verteidigung Moskaus fielen. An den Krieg erinnern auch die großen Steinquader für die sowjetischen Heldenstädte. Solche Denkmäler kümmern aber die Inlineskater ebenso wenig wie die Spaziergänger und Son-

Basilius-Kathedrale: So schön, dass Iwan der Schreckliche ihre Baumeister blenden ließ – heißt es

nenanbeter auf den Bänken und Rasenflächen vor den Kremlmauern. In den Amtssitz hinein führt von hier aus die *Dreifaltigkeitsbrücke,* die 1812 schon Napoleon benutzt hat. *Tgl. 24 Std. geöffnet*

2 AUFERSTEHUNGSTOR (WOSKRESSENSKI WOROTA)

(134–135 C–D3) (*🕮 G10*)

Das Auferstehungstor gibt zwischen dem roten Backsteingemäuer der einstigen Stadtduma und dem Historischen Museum den Blick auf den Roten Platz frei. Errichtet im Jahr 1680, ließ Stalin es 1931 abreißen, weil es bei den Militärparaden störte. 1995 wurde das Tor wiederaufgebaut. Davor markiert die ins Pflaster eingelassene Bronzeplatte den Nullpunkt aller russischen Fernstraßen. **INSIDER TIPP** Wer sich auf die Platte stellt und eine Münze über die Schulter wirft, hat einen Wunsch frei, sagt man.

3 BASILIUS-KATHEDRALE (SOBOR WASSILIJA BLASCHENOGO) ★

(135 D–E4) (*🕮 H10*)

Vom anderen Ende des Roten Platzes her leuchten die bunten, verspielten Zwiebeltürme der Basilius-Kathedrale, Symbol Moskaus, ja Russlands schlechthin. Zar Iwan der Schreckliche ließ ihre Baumeister angeblich blenden, damit diese niemals mehr Vergleichbares bauen könnten. Das einzigartige Monument

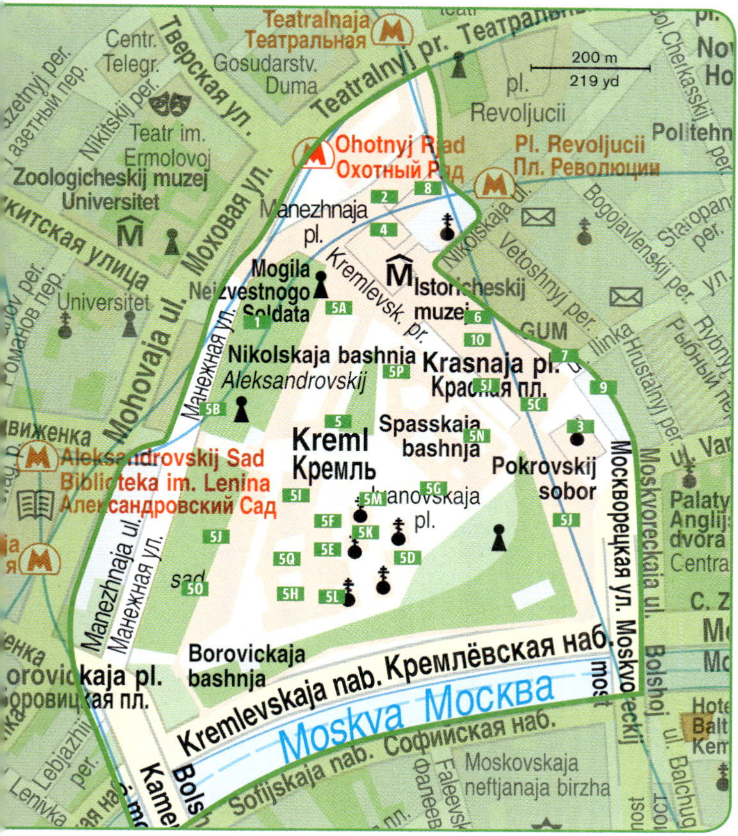

SEHENSWERTES IM KREML & AUF DEM ROTEN PLATZ

1 Alexandergarten
2 Auferstehungstor
3 Basilius-Kathedrale
4 Historisches Museum
5 Kreml
- 5A Arsenal
- 5B Dreifaltigkeitsturm
- 5C Erlöserturm
- 5D Erzengel-Kathedrale
- 5E Facettenpalast
- 5F Gewandniederlegungs-Kirche
- 5G Glockenturm Iwan der Große
- 5H Großer Kremlpalast
- 5I Kongresspalast
- 5J Kremlmauer
- 5K Mariä-Entschlafens-Kathedrale
- 5L Mariä-Verkündigungs-Kathedrale
- 5M Patriarchenpalast
- 5N Präsidium
- 5O Rüstkammer und Diamantenfonds
- 5P Senatsgebäude
- 5Q Terempalast

6 Lenin-Mausoleum
7 Minin- & Poscharski-Denkmal
8 Muttergottes-von-Kasan-Kathedrale
9 Richtplatz
10 Roter Platz

Wellness für Augen – und Körper: Moskaus schöne *Banja Sanduny* in einem barocken Palais

war 1555–1560 zur Feier der Eroberung der Tatarenhauptstadt Kasan errichtet worden. Acht Kirchen, jede mit einer andersfarbigen und individuell dekorierten Kuppel gekrönt, umringen eine neunte Kirche in der Mitte. Der Grundriss bildet ein russisch-orthodoxes Kreuz. 400 Ikonen und alte Fresken zieren die hoch aufstrebenden Innenräume. Der Vorplatz wird scherzhaft Scheremetjewo III (I und II sind Moskauer Flughäfen) genannt, da hier 1987 der deutsche Abenteurer Mathias Rust mit einem Sportflugzeug landete. *Tgl. 10–19 Uhr | 350 Rubel*

4 HISTORISCHES MUSEUM (ISTORITSCHESKI MUSEJ)

(134 C3) (*🕮 G10*)

Das 1883 erbaute Museum ist der größte Ausstellungsort für russische Geschichte. Es bietet in 48 Sälen gute Dauer- und Sonderschauen und verfügt über einen Souvenirladen und ein Restaurant mit historischer Speisekarte. Das 11 m hohe und 100 t schwere *Denkmal für Marschall Schukow* (nahm 1945 Berlin ein) vor dem Museum wäre 1995 auf den Roten Platz gestellt worden, wenn dieser nicht als Unesco-Weltkulturerbe geschützt wäre. *Mo, Mi, Do, So 10–18, Fr/Sa 10–21 Uhr | 350 Rubel | Krasnaja Ploschad 1 | www.shm.ru*

5 KREML ★

(134–135 B–D 3–5) (*🕮 G10–11*)

Als Fürst Juri Dolgoruki 1147 Freunde zu einem Gelage nach Moskau einlud, weil es sich hier angeblich besonders gut feiern ließ, gab es noch keinen Kreml, sondern lediglich eine kleine Siedlung auf einem 40 m hohen Hügel zwischen den Flüssen Moskwa, Neglinnaja und Jausa. Jedenfalls blieb die Veranstaltung in guter Erinnerung und gilt als Gründungsdatum Moskaus. Bei seinem nächsten Besuch 1156 gab Dolgoruki den Auftrag, an jener Stelle, wo gefeiert worden war, einen *Kreml* zu errichten, also eine befestigte Stadtburg. Schutz vor den Tataren boten die ersten bescheidenen Holzpalisaden des Moskauer Kreml allerdings kaum. Erst der Großfürst Iwan Kalita, Steuereintreiber der Tataren, konnte 1326 die Mittel für die erste steinerne Kirche aufbringen, woraufhin das Oberhaupt der russisch-orthodoxen Kirche seinen Amtssitz von Wladimir nach Moskau verlegte. Iwan III. schließlich lud italienische Baumeister ein, die ihm die prächtigen Kremlkirchen und Paläste bauten. Der Kreml ist nicht nur die Keimzelle Moskaus, sondern auch des gesamten russischen Reichs. In ihm und seiner Architektur konzentrierten sich militärische Macht, Glaube und Reichtum. *Fr–Mi 10–17 Uhr | 500 Rubel inkl. Kathedralenplatz; Iwan der Große 250, Rüstkammer 700 Rubel extra | Haupteingang mit Ticketschalter vor der Dreifaltigkeitsbrücke am Dreifaltigkeitsturm | Taschenkontrolle am Eingang | www.kreml.ru*

5A ARSENAL

Das Arsenal ist Sperrzone. Hier ist das Wachregiment des Kreml untergebracht. Von April bis Oktober findet jeweils samstags um 12 Uhr auf dem Kremlplatz eine sehenswerte INSIDER TIPP Parade des berittenen Kreml-Regiments in historischen Uniformen statt. Am letzten Samstag des Monats ist sie jeweils um 14 Uhr auf dem Roten Platz zu bewundern.

5B DREIFALTIGKEITSTURM (TROITSKAJA BASCHNJA)

Er ist der wichtigste und mit 76 m auch der höchste der Kremltürme und gilt als Gegenstück zum Erlöserturm. Der Dreifaltigkeitsturm birgt den Hauptbesuchereingang zum Kreml und führt über die Dreifaltigkeitsbrücke in den Alexandergarten.

5C ERLÖSERTURM (SPASSKAJA BASCHNJA)

1491 wurde der Erlöserturm in der Kremlmauer gebaut, der es nach einer späteren Ausbaustufe heute auf 71 m Höhe bringt. Seinen Namen trägt er nach einer Christus-Ikone über dem Tor, einst der Haupteingang zum Kreml. Das Glockenspiel intonierte früher „Gott schütze den Zaren“, heute spielt es die russische Nationalhymne.

ENTSPANNEN & GENIESSEN

Der schönste Wellnesstempel Moskaus ist die ● *Banja Sanduny* **(138 A5)** *(**G9**) (tgl. 8–22 Uhr | Einzelbanja (mit Platz für mind. 4 Pers.) 24 Std. ab 4000 Rubel | Tel. 495 6 25 46 31 | Uliza Neglinnaja 14 | www.sanduny.ru | Metro 7 Kusnezki Most).* „Banja“ heißt Dampfbad und ist ein Genuss für Kopf und Körper gleichermaßen. Der barocke Palast mit den vergoldeten Stuckdecken entstand schon zur Zeit Katharinas II., wurde aber gründlich modernisiert. Sie können eine Privatbanja mit zwei bis zwölf Plätzen bestellen oder spontan nach dem Stadtbummel die große Banja und das römisch inspirierte Schwimmbecken genießen. In der öffentlichen Banja saunieren Frauen und Männer übrigens getrennt. Sie können sich auch massieren und frisieren lassen, den Schönheitssalon besuchen, Bier trinken und sich aus einem der besten Moskauer Restaurants Essen kommen lassen. Das ist wahre Moskauer Schwitzkultur!

5D ERZENGEL-KATHEDRALE (ARCHANGELSKI SOBOR)

Die Erzengel-Kathedrale ist die Grabstätte der Moskauer Großfürsten und Zaren, von den Rurikiden – der Herrscherfamilie, der Iwan IV., der Schreckliche, angehörte – bis zum Haus Romanow. Iwan IV. und seine zwei Söhne ruhen im Altarbereich. 1812 richteten Napoleons Truppen hier eine Feldküche ein. 1917 wurde die Kirche durch Beschuss beschädigt und geschlossen. Seit 1955 ist sie als Museum zugänglich, seit 1992 werden hier wieder Gottesdienste abgehalten.

5E FACETTENPALAST (GRANOWITAJA PALATA)

Auch dieser Palast, der den Thron- und Empfangssaal des Zaren beherbergt, wurde ab 1485 von Italienern gebaut. Im 495 m² großen Saal, dessen Kreuzgewölbe sich auf eine einzige Mittelsäule stützen, fand auch die Adelsversammlung, der Bojarenrat, statt. Aufgrund der schönen Ikonen und Schnitzereien wird er heute für Empfänge des Präsidenten genutzt. Nur mit Glück und für viel Geld kann man ihn bei einer der seltenen Sonderführungen besichtigen.

5F GEWANDNIEDERLEGUNGS-KIRCHE (TSERKOW RISOPOLOSCHENIJA)

Die etwa zur gleichen Zeit gebaute Gewandniederlegungs-Kirche war die Hauskirche der Patriarchen von Moskau. Auf der Ikonostase von 1627 ist dargestellt, wie das Gewand Marias aus Palästina nach Konstantinopel gebracht wird. In dem Gotteshaus ist eine Dauerausstellung untergebracht, in der alte russische Holzskulpturen zu sehen sind.

5G GLOCKENTURM IWAN DER GROSSE

Der Turm von 1505 überragte mit seinen 81 m Höhe auf dem 40 m hohen Kremlhügel lange alle Bauwerke Moskaus. Höher durfte damals nicht gebaut werden. 1812 überstand der Glockenturm die Sprengungen der abziehenden Franzosen. Rechts vom Turm steht die gewaltige *Zaren-Kanone* von 1586, die mit einem Kaliber von 120 cm über 5 m lang und 39 t schwer ist. Die Wunderwaffe hat aber noch nie einen einzigen Schuss abgegeben. Ebenso wie die *Zaren-Glocke* links vor dem Glockenturm noch nicht einmal geläutet hat, weil bei einem Brand im Jahr 1737 ein mächtiges, 12 t schweres Stück davon absprang. *Besichtigungen bei trockenem Wetter um 10.15, 11.15, 13, 14, 15, 16 und 17 Uhr, nur 12 Teilnehmer pro Termin | Kinder bis zwölf Jahre haben keinen Zutritt*

5H GROSSER KREMLPALAST

Obwohl die russische Hauptstadt seit Peter dem Großen St. Petersburg hieß, ließ Zar Nikolai I. den Großen Kremlpalast bauen, um auch bei seinen Besuchen in Moskau eine Residenz zu haben, die der besonderen Bedeutung Russlands in Europa entsprach. Die klassizistische Hauptfassade ist 131 m lang. Im prachtvollen Georgssaal gibt der russische Präsident heute Empfänge.

5I KONGRESSPALAST

Der Glas-Beton-Klotz mit über 5000 Sitzplätzen für Parteitage und Volkskongresse wurde 1961 einfach in den Kreml hineingebaut. Heute werden hier öfter Popkonzerte mit internationalen Stars veranstaltet. Ein Besuch des Gebäudes lohnt sich schon wegen des Ambientes.

5J KREMLMAUER

Erst rund 40 Jahre nach dem Bau der ersten steinernen Kirche, 1366, konnte Großfürst Dmitri Donskoi Mauern rund um den Kreml finanzieren und besiegte sodann dank der guten Befestigung 1380 erstmals die Tataren. Moskau wuchs wei-

Nur eine der prächtigen Kirchen innerhalb der Kremlmauern: Mariä-Verkündigungs-Kathedrale

ter um den Kreml herum. 70 000 Menschen suchten im Jahr 1571 beim letzten Überfall der Krimtataren Schutz auf dem 28 ha großen Kreml-Gelände. Unter Iwan III. und seinen italienischen Baumeistern entstand ab 1485 auch die bis zu 9 m hohe und bis zu 6,5 m dicke, zinnenbewehrte Mauer aus rotem Backstein. Sie misst 2235 m und besitzt 20 Wehrtürme, von denen die meisten einen eigenen Namen tragen. Die Doppeladler des zaristischen Russlands, die einst die hohen Kremlecktürme zierten, wurden 1937 durch rubinrote Sowjetsterne ersetzt, die mit bis zu 4 m Durchmesser nachts weithin leuchten und anzeigen, wo das Zentrum Russlands liegt.

5K MARIÄ-ENTSCHLAFENS-KATHEDRALE (USPENSKI SOBOR)

Der ab 1470 gebauten Krönungskirche der Zaren ist der italienische Renaissanceeinfluss deutlich anzusehen. Fresken von 1481 sind an der Altarwand erhalten geblieben, die prächtige Ikonostase entstand erst 1653. Die Kathedrale war lange Zeit der Sitz des Patriarchen und damit religiöses Zentrum des Landes. Hier wurden Metropoliten und Patriarchen geweiht und bestattet. Sie können auch einen prunkvollen Thron Iwans des Schrecklichen besichtigen. In der Kathedrale werden zwar seit 1990 wieder Gottesdienste abgehalten, sie fungiert aber in erster Linie als Museum.

5L MARIÄ-VERKÜNDIGUNGS-KATHEDRALE (BLAGOWESCHTSCHENSKI SOBOR)

Iwan III. gab diese Kathedrale Ende des 15. Jhs. bei russischen Baumeistern aus Pskow anstelle einer Holzkirche in Auftrag. Iwan der Schreckliche, der Gotteshäuser wegen seiner fünften Heirat nicht mehr betreten durfte, ließ der Legende nach später einen kleinen Anbau errichten, um von dort aus dem Gottesdienst beizuwohnen. Die Kathedrale war die Hauskirche der Zaren vor Peter I. Ihr gesamter Innenraum enthält Fresken.

Nicht nur „rot", sondern auch „schön": der Rote Platz, Russlands gute Stube

5M PATRIARCHENPALAST

Der Palast wurde 1653 für die Heilige Synode und den Patriarchen Nikon gebaut, der mit seinen Kirchenreformen zur Abspaltung der Altgläubigen beitrug. Er beherbergt zwei Kirchen, Mönchszellen und eine Halle, in der Salböl zubereitet wurde. Heute zeigt das *Museum für Volkskunst und Kultur des 17. Jhs.* hier Schmuck, Geschirr und Möbel.

5N PRÄSIDIUM

Das ehemalige Kremltheater entstand anstelle zweier Klöster nach der Revolution und wurde noch in den 1950er-Jahren weiter ausgebaut. Im Theatersaal tagten später Sowjetdelegierte. Das Gebäude ist für die Öffentlichkeit nicht zugänglich.

5O RÜSTKAMMER UND DIAMANTENFONDS

Die Schatzkammern der Zaren sind ebenfalls in den Großen Kremlpalast integriert, aber separat zugänglich. Seit 1508 wurde in Rüstkammer und Diamantenfonds Schmuck und Zierrat der russischen Herrscher zusammengetragen: Staatsgeschenke, Zarenkrone, Reichszepter, ein diamantengeschmückter Thron, Brillanten, die größte Kutschensammlung der Welt und die sehenswerten *Fabergé-Eier,* riesige Goldnuggets und Edelsteine in allen erdenklichen Farben und Formen. Die Rüstkammer hat einen eigenen Eingang (134 B6) (*G11*), sie kann unabhängig vom Kreml um 10, 12, 14.30 und 16.30 Uhr besichtigt werden.

Entspannende Abwechslung nach all dem Funkeln und Glitzern bietet ein paar Schritte in Richtung Moskwa-Fluss und Kremlmauer INSIDER TIPP der kleine Park, eine Oase der Ruhe im Zentrum der Macht.

5P SENATSGEBÄUDE

Die Staatsflagge weht über der Kuppel des Senatsgebäudes von 1787. Den Festsaal darunter nutzte zunächst der russische Adel, später das Zentralkomitee der KPdSU. Nach Lenin, Stalins Generalstab und den KPdSU-Generalsekretären amtiert hier heute der Präsident.

5Q TEREMPALAST

Diese einstige Residenz der Zaren vor Peter I. ist wie Facetten- und Patriarchenpalast seit 1851 in den riesigen Neubau des Großen Kremlpalasts integriert und liegt ganz versteckt. Nur das Dach und die elf kleinen Zwiebeltürme der angeschlossenen Privatkapelle sind noch zu sehen.

6 LENIN-MAUSOLEUM ●
(135 D4) (*🕮 G10*)

Das 1930 entstandene Mausoleum, in dem trotz gegensätzlicher Überlegungen nach wie vor der einbalsamierte Führer des Weltproletariats besichtigt werden kann, gilt manchen Einwohnern Moskaus ebenso wie die Gräber von Stalin und anderen Sowjetgrößen an der Kremlmauer als Ärgernis. *Di–Do, Sa/So 10–13 Uhr | Rucksäcke, Taschen, Fotoapparate und Handys müssen abgegeben werden*

7 MININ- UND POSCHARSKI-DENKMAL (135 D4) (*🕮 H10*)

Fast wichtiger als Lenins Mausoleum scheint inzwischen so manchem Moskauer Bürger das Denkmal für Kusma Minin und Fürst Dmitri Poscharksi direkt vor der Basilius-Kathedrale zu sein. Die beiden Männer organisierten 1612 einen erfolgreichen nationalen Aufstand gegen die polnischen Besatzer im Kreml.

8 MUTTERGOTTES-VON-KASAN-KATHEDRALE ● (135 D3) (*🕮 G10*)

Auch die anheimelnd kleine Kathedrale der Muttergottes von Kasan verdankt ihre Entstehung der Vertreibung der polnischen Invasoren aus Moskau, weil die Ikone der Gottesmutter von Kasan, welche die Kathedrale ursprünglich beherbergte, laut Erzählungen Fürst Poscharski zum Sieg verholfen haben soll.

9 RICHTPLATZ (LOBNOJE MESTO)
(135 D4) (*🕮 H10*)

Ursprünglich lag der Richtplatz der Zaren mitten auf dem Roten Platz. So ließ Peter der Große hier einst beispielsweise 200 aufständische Strelitzen köpfen. Unter Stalin wurde das Steinpodest, welches zu früheren Zeiten auch zur Verkündung von Dekreten und Gesetzen diente, schließlich aber in Richtung Basilius-Kathedrale verschoben, damit es nicht bei den großen Paraden störte.

10 ROTER PLATZ (KRASNAJA PLOSCHAD) ★
(134–135 C–D 3–4) (*🕮 G10*)

Der Vorhof des Kreml ist heute so etwas wie die gute Stube Russlands. In früheren Zeiten ein Markt- und Versammlungsplatz, wurde er auch „Brandplatz" genannt, da die Marktbuden darauf so häufig abbrannten. „Roter Platz" heißt er erst seit Iwan IV. Und das nicht nur wegen seiner Farbe: „Rot" bedeutet im Russischen auch so viel wie „schön". Besondere Attraktion im Winter: Vor dem GUM wird eine ● *Eisbahn (30. Nov.–9. März tgl. 10–23.30 Uhr | Mo–Mi kostenlos, sonst 400 Rubel)* aufgebaut.

KITAIGOROD & DER NORDOSTEN

Direkt an den Roten Platz hinter dem Kaufhaus GUM grenzen die ältesten und lebendigsten Viertel Moskaus.

In den Resten der Stadtmauer am Theaterplatz haben sich Restaurants und Boutiquen eingerichtet. Und die Hochburgen der Politik ballen sich in diesem Gebiet: Parlament, Verfassungsgericht und Ministerien, Präsidentenadministration und FSB-Geheimdienstzentrale an der Lubjanka. Kultur und Konsum suchen die Nähe der Macht. Neben dem Bolschoi-Theater liegen fast ein Dutzend weiterer Schauspielhäuser, der Staatszirkus, Kaufhäuser und die prächtigsten Hotels der Stadt. Weiter hinter der Lubjanka floriert die Kneipenszene in Häusern aus der Zarenzeit. In den ruhigen Hinterhöfen und Gassen, an den Gebäuden, von denen der Putz blättert, hält sich beharrlich ein Hauch des alten Moskau. Die Baukräne sind hier noch nicht angekommen. Und einem grünen Bogen gleich schmiegt sich der Boulevardring um das Quartier.

Kitaigorods Hügel waren schon im 11. Jh. besiedelt. Der Ursprung des Namens ist umstritten. Er kommt aber nicht vom russischen Wort „Kitai" (China), wie früher angenommen, sondern wohl von „Kita", dem Begriff für Bündel von Holzstangen, die im 15. Jh. beim Bau von Befestigungsanlagen verwendet wurden. Seitdem hatte auch Kitaigorod einen Wall mit Palisaden. 1538 wurde die steinerne Stadtmauer fertig und das Viertel entwickelte sich rasant. Hier lag der Münzhof, druckte man erstmals ein Buch in Russland und gründete im 17. Jh. die erste russische Akademie. 40 Kirchen sorgten fürs Seelenheil. 1812 wurde Kitaigorod beim Großen Brand zerstört und ganz neu aufgebaut. Vor 1917 war es mit seinen Jugendstilhäusern Handels- und Finanzzentrum Moskaus.

1 ALTER PLATZ & NEUER PLATZ (STARAJA PLOSCHAD & NOWAJA PLOSCHAD) (135 F2–3) (*🗺 H–J 9–10*)

Die ineinander übergehenden Plätze lagen direkt vor der alten Stadtmauer Kitaigorods, bis sie 1934 von Stalin niedergelegt wurde. Anstelle der Mauer entstanden Gebäude für das Zentralkomitee der KPdSU, in denen heute die Büros der Präsidentenadministration untergebracht sind. Am *Neuen Platz* liegt auch das *Polytechnische Museum (Di–So 10–20 Uhr)*. In der Grünanlage des *Alten Platzes* erholen sich im Sommer An-

Im großen Bogen ums alte Moskau: der Boulevardring

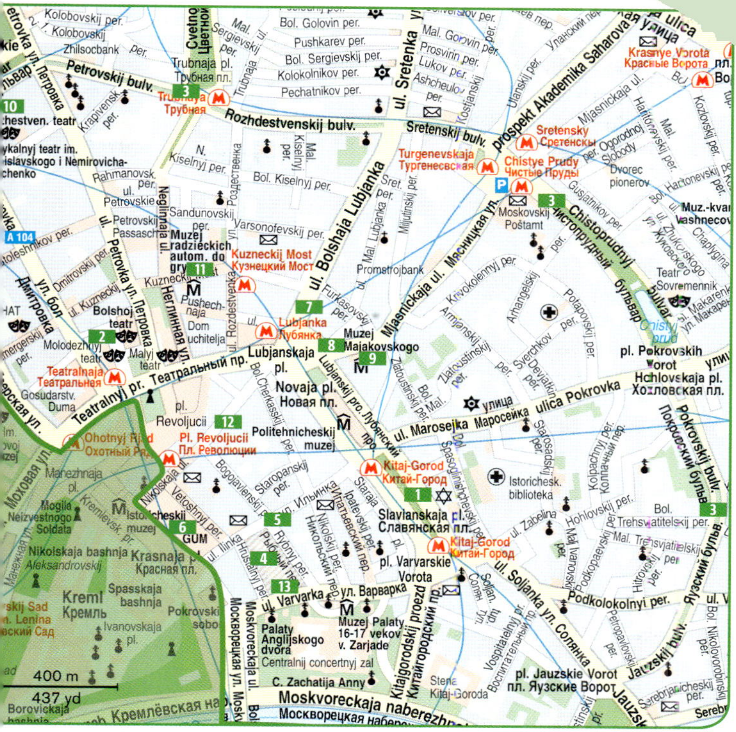

SEHENSWERTES IN KITAIGOROD & IM NORDOSTEN

- **1** Alter Platz & Neuer Platz
- **2** Bolschoi-Theater
- **3** Boulevardring
- **4** Gostinny Dwor
- **5** Iljinkastraße
- **6** GUM
- **7** Lubjanka (Geheimdienstzentrale)
- **8** Mahnmal für die Opfer der Stalinschen Repressionen
- **9** Majakowski-Museum
- **10** Museum der modernen Kunst
- **11** Museum für Sowjetische Spielautomaten
- **12** Nikolskajastraße
- **13** Warwarkastraße

gestellte aus den umliegenden Ämtern. *Metro 1, 6, 7 Lubjanka, Kitaigorod*

2 BOLSCHOI-THEATER

(134–135 C–D1) (*🕮 G9*)

Bolschoi heißt groß. Das ist das Gebäude des Theaters, noch größer aber der weltweite Ruhm seines Ensembles. 1825 nahm Alexander I. erstmals in der eigenen Zarenloge Platz. Das neoklassizistische Gebäude der Architekten Ossip Bowe und Andrei Michailow mit seinen acht gigantischen Säulen und der Quadriga des Apolls entsprach dem imperialen Schwung des russischen Reichs. Seinen Ruhm begründeten im 19. Jh. Komponisten wie Pjotr Tschaikowski und Nikolai Rimski-Korsakow und Sänger wie

SWERTES

selbst in der Sowjet- choi z. B. mit Primabal- ezkaja ein Wahrzeichen. In ge saß nun Ballettliebhaber Bres w. Den Ruhm lässt sich das Haus heute teuer bezahlen: Die englischsprachige Führung *(Mo, Mi, Fr 12.15 Uhr)* kostet 1300 Rubel, die russische bloß 500. Wer zu den 15 glücklichen Teilnehmern gehören will, muss zwei Stunden vorher anstehen – draußen vor der Tür, auch im Winter. *Teatralnaja Ploschad 1 | Tel. 495 6 92 00 25 | www.bolshoi.ru | Metro 2 Teatralnaja*

3 BOULEVARDRING (BULWARNOJE KOLTSO)

(137 D–F 4–6) (138 A–C 4–6) (142 C–D 1–2) (*E–K 8–11*)

Der grüne Gürtel des Boulevardrings umschließt in weitem Bogen um den Kreml das Moskau des 18. Jhs. Der Mittelstreifen ist ein fast durchgängiger Spazierweg. Vom Kreml einige Hundert Meter Richtung Osten zieht er sich einen Hügel hoch. Links und rechts liegen ruhige, alte Wohnviertel, in denen sich vereinzelt Kirchen und Herrschaftshäuser verstecken. Der Park an den *Sauberen Teichen (Tschistyje Prudy)* (138 C5) (*K9*) ist ein beliebter Treffpunkt bei Jugendlichen. Zwischen der Haltestelle „Saubere Teiche“ und der gleichnamigen Metrostation verkehrt das Straßenbahncafé „Annuschka“, in dem es Wodka und Instantkaffee gibt. Das INSIDER TIPP *Mariä-Geburts-Kloster (Roschdestwenski Monastyr)* (138 A4) (*H8*) *(tagsüber meist geöffnet)* einige Hundert Meter weiter westlich auf dem Ring entstand 1386 am einstigen Ufer des Neglinnaja-Flusses. Es gehörte wie das *Hohe-Petrowski-Kloster (Wysoko Petrowski Monastyr)* (137 F4) (*G8*) *(tagsüber meist geöffnet)* auf dem nächsten Hügel zu einem Ring von Wehrklöstern rund um die Stadt. Beide Klöster können Sie besichtigen. Sie beeindrucken durch ihre Kirchen und die Ruhe hinter den Mauern.

Zwischen den beiden Klöstern liegt in einer Senke der *Röhrenplatz (Trubnaja Ploschad)* (138 A4) (*H8*). Nichts erinnert mehr daran, dass hier 1953 nach dem Tod Stalins im Gedränge der Trauernden über hundert Menschen starben. Im weiteren Verlauf trifft der Boulevardring dann am Puschkin-Platz auf die Twerskaja-Straße. *Metro 1, 6, 7, 9 Tschistyje Prudy, Turgenewskaja, Puschkinskaja, Trubnaja*

4 GOSTINNY DWOR

(135 E4) (*H10*)

Der größte Gebäudekomplex nach dem GUM ist der Handelshof, der unter Katharina II. von dem Italiener Giacomo Quarenghi 1790 neu aufgebaut wurde. Die Säulenfassade und die vielen Geschäfte und Clubs sind erhalten geblieben. Der granitgepflasterte, 12 000 m² große Innenhof wird vom INSIDER TIPP größten frei tragenden Glasdach Europas (mit

Schneeschmelzeinrichtung) überspannt. Im klimatisierten Hof werden Konzerte, Festivals und Ausstellungen organisiert. Die benachbarte Börse wurde 1875 gebaut. Im Saal fanden über 1000 Händler Platz. In einem Teil des Gebäudes soll ein Hotel entstehen. *Uliza Iljinka 4 | Metro 6, 7 Kitaigorod*

5 ILJINKASTRASSE (ULIZA ILJINKA) (135 D–F 3–4) (H10)

Die Iljinka ist eine der Hauptadern Kitaigorods und führt in dessen Mitte vom Erlöserturm bis zum Neuen Platz und zur Präsidentenadministration. Sie steht heute – wie schon bis zum 18. Jh. – für das Handelszentrum Moskau. *Metro 6, 7 Kitaigorod*

6 GUM (135 D3–4) (G–H10)

Das Kaufhaus GUM, das mit seinen Glaskuppeln und seiner weißen Fassade den Roten Platz gegenüber dem Kreml begrenzt, galt 1893 als größter, modernster Konsumtempel der Welt. Gebaut wurden die früheren *Oberen Handelsarkaden* auf Anweisung des Zaren, finanziert von der Moskauer Kaufmannsgilde. 1921 verstaatlichte man sie und nannte sie GUM (*„Staatliches Universal-Magazin"*). Zum Ende der Sowjetunion reduzierte sich das Warenangebot auch hier auf Gurkengläser. Mittlerweile ist auf 80 000 m² Fläche von Edelkosmetik bis hin zu Golduhren wieder alles zu finden. Es gibt aber INSIDER TIPP **auch günstige Cafés und Restaurants** auf der obersten Etage unterm Glasdach. *Tgl. 10–22 Uhr | Krasnaja Ploschad 3 | www.gum.ru | Metro 1, 2, 3 Ochotnyj Rjad, Teatralnaja, Ploschad Revoluzii*

7 LUBJANKA (GEHEIMDIENSTZENTRALE) (135 F1) (H9)

Lubjanka ist Synonym für den KGB und ein Begriff für das Grauen der Stalinschen Repressionen. „Lubjanka" wurde der Ort wohl von Tausenden Nowgoroder Bürgern getauft, die Iwan III. nicht geköpft, sondern nach Moskau zwangs-

Vom Zar gebaut, von den Sowjets verstaatlicht, heute Aushängeschild Moskauer Einkaufsarchitektur: GUM

umgesiedelt hatte. Der Name erinnerte sie an eine Straße in Nowgorod. Das wuchtige Gebäude, heute die Zentrale des Inlandsgeheimdienstes FSB, wurde 1900 mit Luxusapartments und Geschäften für eine Versicherungsgesellschaft gebaut und erst nach der Oktoberrevolution vom Staatssicherheitsdienst übernommen. Seit 1920 diente es als Gefängnis und wurde 1933 durch neue Zellen auf vier Etagen erweitert. 1953 wurde Innenminister und Geheimdienstchef Lawrentij P. Berija hier erschossen. 1979–82 ließ KGB-Chef Juri Andropow das Gebäude erweitern. 1991 stürzten Demonstranten das Denkmal für KGB-Gründer Felix Dserschinski, heute fordern russische Kommunisten die Rückkehr des „Eisernen Felix". *Lubjanskaja Ploschad 5 | Metro 1 Lubjanka*

8 MAHNMAL FÜR DIE OPFER DER STALINSCHEN REPRESSIONEN (135 F2) (*H9*)

An all die Opfer der Repressionen unter Stalin soll der Findling aus dem Straflager der Solowetski-Inseln im Weißen Meer am Rand des Lubjanka-Platzes erinnern. Die Menschenrechtsorganisation *Memorial* richtete die Gedenkstätte nahe der einstigen KGB-Zentrale, dem Symbol der Unterdrückung, ein. *Lubjanskaja Ploschad | Metro 1 Lubjanka*

9 MAJAKOWSKI-MUSEUM (MUSEJ IM. MAJAKOWSKOGO) (135 F1) (*H9*)

Das Museum ist in einem Gebäude gleich neben der KGB-Zentrale eingerichtet worden, in dem der bekannteste Sowjetpoet Wladimir Majakowski von 1919 bis zu seinem Selbstmord 1930 lebte. Eine INSIDER TIPP schräge Metallkonstruktion markiert den Eingang in die Welt des Futurismus. Eines der Zimmer ist noch immer eingerichtet wie zu Majakowskis Zeiten, in anderen Räumen wird das Werk des Autors dokumentiert: Manuskripte, Schreibmaschinen, Propagandaplakate und bemalte Kanonenkugeln sind zu sehen. *Fr–Di 11–19, Do 13–21 Uhr, Mi u. letzter Fr im Monat geschl. | 150 Rubel | Lubjanskij Proesd 3/6 | www.mayakovsky.museum | Metro 1 Lubjanka*

10 MUSEUM DER MODERNEN KUNST (MUSEJ SOWREMENNOGO ISKUSTVA) (137 F4) (*G8*)

Das Museum hat fünf Standorte in Moskau und zeigt dort 15 000 Gemälde, Installationen, Kunstobjekte. Außer russischen Künstlern sind auch INSIDER TIPP Pablo Picasso, Salvador Dalí, Kasimir Malewitsch, Marc Chagall und Wassily Kandinsky vertreten. Eine eigene Abteilung gehört den sowjetischen Nonkonformisten der 1960er- und 1970er-Jahre. *Mi–Fr 12–20, Do 13–21 Uhr, jeden 3. Mo im Monat geschl. | 350 Rubel, jeden 3. So im Monat Eintritt frei | Uliza Petrowka 25 | www.mmoma.ru | Metro 7, 9 Puschkinskaja, Tschechowskaja*

11 INSIDER TIPP MUSEUM FÜR SOWJETISCHE SPIELAUTOMATEN (138 A5) (*H9*)

Aus dem sowjetischen Kleingeld, das jeder Besucher bekommt, wird hier großer Daddelspaß: Münze für Münze fällt in die mechanischen oder elektronischen Spielgeräte für eine Runde Hasenjagd, Basketball, Elfmeterschießen oder Seeschlacht, für Flipper oder fürs Verkehrszeichen-Raten. Manche Spiele sind arg militaristisch, aber alle verbindet ihr altertümlicher Charme. Wer gewinnt, kann sich mit einem Becher Kwas belohnen, ebenfalls aus einem alten Automaten. *Tgl. 11–21 Uhr | 450 Rubel inkl. 15 Spielen | Uliza Kusnezki Most 12 | www.15kop.ru | Metro 1 Lubjanka*

12 NIKOLSKAJASTRASSE (NIKOLSKAJA ULIZA)
(135 D–E 2–3) (*H9–10*)

Nach dem Kremlturm *Nikolskaja Baschnja* benannt, verläuft die Straße vom Roten Platz aus an der Stadtmauer entlang. Die Mauer ist teilweise noch erhalten, aber rundherum umbaut und nur stellenweise zu sehen. An zwei Punkten gibt es schmale Durchgänge von der Nikolskaja in Richtung Theaterplatz.

An der Nikolskajastraße 7–9 ist im Innenhof das INSIDER TIPP *Saikonnospasski-Kloster* wieder zugänglich, in dem 1687 die *slawisch-griechisch-lateinische Akademie* gegründet wurde, wo der Universalgelehrte Michail Lomonossow, Gründer der Moskauer Universität, studierte. Im Haus Nr. 15 lag der Druckhof der Synode, in der 1564 Russlands erstes Buch gedruckt worden ist. Vor der Revolution befanden sich in der Nikolskaja die meisten Buchhandlungen. Die Straße endet am Lubjanka-Platz. *Metro 1, 2 Lubjanka, Teatralnaja*

13 WARWARKASTRASSE (WARWARKA ULIZA) (135 E–F4) (*H–J10*)

Die Warwarka begrenzt Kitaigorod in Richtung Moskwa mit einem romantischen Ensemble kleinerer Kirchen und Klöster, die einst von reichen Kaufleuten gestiftet wurden: die *Barbara-Kirche*, die *Kirche des Heiligen Maxim*, das *Kloster der Muttergotteskrone* und die *Georgs-Kirche*. Hier liegt die *Alte Englische Residenz (Hausnummer 4)*, die Iwan IV. einst zwecks Kontaktpflege englischen Kaufleuten schenkte. Nach einem Besuch der Queen 1994 wurden Besichtigungen des Gebäudes erlaubt, zuletzt war es aber wegen Renovierung geschlossen.

An der Warwarka liegt auch das *Stammhaus der Bojarenfamilie Romanow (Do–Mo 10–18, Mi 11–19, 1. Mo im Monat geschl. | 300 Rubel | Warwarka Uliza 10)*, die 1613 den Thron bestieg. Anstelle des klobigen Hotelblocks *Rossia*, der einst die Straße überragte, sollte ein neuer Sitz des Parlaments entstehen. Der Plan ist inzwischen vom Tisch. *Metro 6, 7 Kitaigorod*

Gebäude mit bewegter Geschichte: die ehemalige Geheimdienstzentrale des KGB – kurz Lubjanka

SAMOSKWO-RETSCHIJE

Vom Kreml aus blickt man am hohen Ufer der Moskwa herab auf das Kunstmekka Russlands am gegenüberliegenden flachen Ufer – die Tretjakow-Galerie und das Zentrale Haus des Künstlers. „Hinter dem Moskwa-Fluss" *(Samoskworetschije)* hieß dieses Viertel zur Zarenzeit und es war verpönt, in dieser sumpfigen Gegend zu wohnen. Iwan der Schreckliche siedelte dort aus Gründen der Sicherheit seine Strelitzengarde an, Peter der Große ließ sie hier köpfen. In Samoskworetschije lebten das tatarische Dienstpersonal und kleine Handwerker, die ihre Zunftkirchen stifteten. Zur Zeit Peters I. kamen aber immer mehr reiche Kaufleute in die Gegend südlich des Flusses. In der zweiten Hälfte des 19. Jhs. wuchsen in Samoskworetschije lauter Fabriken aus dem Morast. Weil Stalins Stadterneuerung jenseits der Moskwa endete, sind hier so viele alte Kirchen erhalten geblieben wie nirgendwo sonst in Moskau. Auch heute werden sie wie die denkmalgeschützten Herrschaftshäuser von der Modernisierung ausgeklammert. Nur in den Innenhöfen entstehen neue Gebäude, doch die altehrwürdigen Straßenfronten bleiben unverändert. Entsprechend leben hier viele Alteingesessene, aber auch zugezogene Neureiche. Die Straßen Bolschaja Ordynka und Poljanka säumen viele Cafés und Restaurants.

Ein russischer Zar in spanischen Hosen

1 AUFERSTEHUNGSKIRCHE IN KADASCHI (TSERKOW WOSKRESSENIJA W KADASCHACH)

(142 A3) *(🕮 H12)*

Die barocke Pracht der fünf Türme dieser Kirche liegt in einer kleinen Seitengasse des Samoskworetschije-Quartiers versteckt. Sie wurde 1687 zur Zeit des Reformpatriarchen Nikon gebaut. Der Glockenturm ist 20 Jahre jünger und wurde gestiftet von der Weberzunft des Viertels, einst *Kadaschewoworan* genannt. Die Auferstehungskirche gilt als bemerkenswertestes Beispiel des Moskauer Barock. *2. Kadaschewski Pereulok 7 | Metro 6, 8 Tretjakowskaja*

2 BACHRUSCHIN-THEATERMUSEUM

(142 B–C5) *(🕮 J14)*

Das Museum zeigt vor allem die Sammlung des Kaufmanns Alexej Bachruschin,

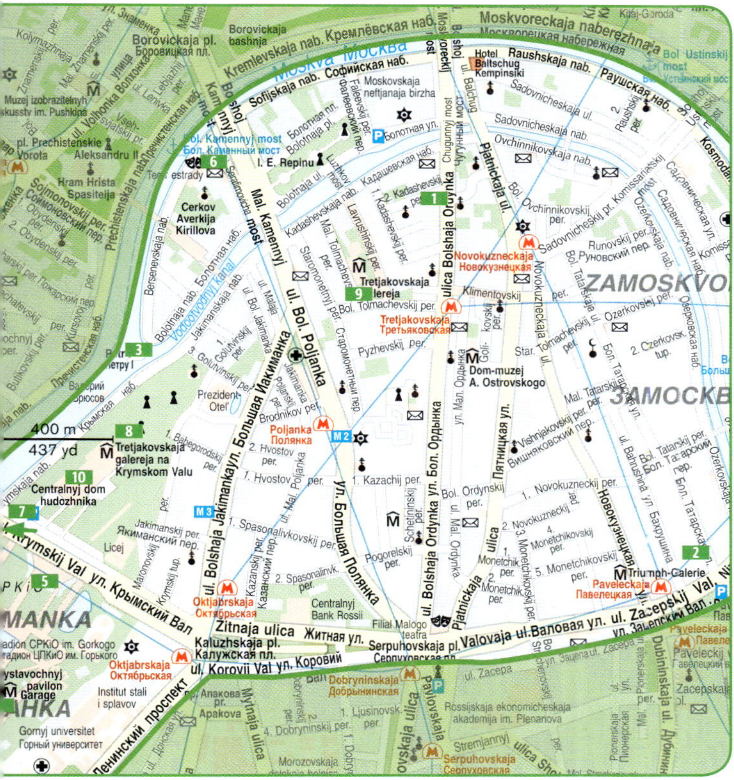

SEHENSWERTES IN SAMOSKWORETSCHIJE

- **1** Auferstehungskirche in Kadaschi
- **2** Bachruschin-Theatermuseum
- **3** Denkmal für Peter den Großen
- **4** Garage – Museum für zeitgenössische Kunst
- **5** Gorki-Park
- **6** Haus an der Moskwa
- **7** Moskau-Museum
- **8** Neue Tretjakow-Galerie
- **9** Tretjakow-Galerie
- **10** Zentrales Haus des Künstlers

die dieser bis 1929 zusammentrug; 1,5 Mio. Exponate aus der Geschichte des russischen Theaters und Balletts seit dem 17. Jh. von den Hofnarren des Zaren bis zu Wsewolod Meyerhold und Konstantin Stanislawski, Kulissen, Fotografien und Filme. Zu sehen sind etwa die Kostüme, in denen die Balletttruppe des Bolschoi schon vor 1914 Europa eroberte. Informationen nur in russischer Sprache. *Di/Mi, Fr–So 12–19, Do 13–21 Uhr | 200 Rubel | Bachruschina Uliza 31/12 | www.gctm.ru | Metro 2, 5 Pawelezkaja*

3 DENKMAL FÜR ZAR PETER DEN GROSSEN (141 E4) (*F13*)

Der Standort für das mit 94 m höchste Denkmal Moskaus ist eine Notlösung.

Eigentlich wollte Bildhauer Surab Zereteli das Monument zum 500. Jahrestag der Entdeckung Amerikas irgendwo auf dem Neuen Kontinent aufstellen, fand aber keinen Platz. Nachdem Kolumbus' Kopf gegen den des Zaren ausgetauscht worden war, konnte das Werk gegenüber von Kreml und Erlöserkathedrale mit schönem Blick auf beides installiert werden – dank Unterstützung Boris Jelzins zum 300. Jahrestag der Gründung der russischen Flotte. Die Moskauer Kulturszene protestierte vergeblich. Inzwischen fällt kaum noch auf, dass Zar Peter in Conquistadoren-Hosen auf einer spanischen Karavelle steht.

4 GARAGE – MUSEUM FÜR ZEITGENÖSSISCHE KUNST ★

(141 D6) (*E15*)

Das von Roman Abramowitschs Frau, Daria Schukowa, gegründete Zentrum für zeitgenössische Kunst hat sich mittlerweile zu einer der bedeutendsten Ausstellungen der Stadt entwickelt. Geboten wird ein bunter Mix aus ständig wechselnden Schauen, Vorträgen und Workshops. Ursprünglich war die Garage in einem ehemaligen Busdepot von 1927 untergebracht, das seit 2013 das Jüdische Museum beherbergt. Nach einer Übergangszeit in einem Pavillon im Gorki-Park hat das Museum dort seit dem Sommer 2015 ein neues Zuhause: Rem Koolhaas machte aus dem Sowjetrestaurant „Jahreszeiten" ein Museum mit 5400 m^2 Fläche. Zu seinen fünf Galerien kommen ein Hörsaal, Café und Buchladen. *Mo–Do 12–21, Fr–So 12–22 Uhr | 400 Rubel | Krimski Wal 9/32 | www.garageccc.com | Metro 1 Park Kultury*

5 GORKI-PARK (PARK KULTURY) ★

(141 D–E 5–6) (*C–F 14–18*)

Wer den Gorki-Park in den 1990er-Jahren kannte, wird ihn heute kaum mehr wiedererkennen. Nach der Umgestaltung des größten und vielfältigsten Parks im Zentrum sind von damals nur noch ein paar Karussells im Retrostil übrig geblieben. Statt Riesenrad, Achterbahn und alles überschallender Musik finden die Moskowiter seit 2011 viele Möglichkeiten zum Ausruhen, zum Sporttreiben oder um ausgezeichnet zu essen. Im Sommer besucht jedes Wochenende eine Viertelmillion Menschen den Park.

Zwischen den Säulen des Triumphators im Stalinschen Barock hindurch gelangen Sie vom Krimski Wal aus direkt in den belebtesten Teil des Parks. Dort finden Sportbegeisterte Tischtennisplatten, ein Beachvolleyball- und ein Fußballfeld sowie eine Laufstrecke. Zahlreiche große Liegekissen zum Entspannen säumen die Wiese, und Wifi ist hier kostenlos. Im Sommer werden im Park täglich kostenlos Tanzkurse unterschiedlicher Stilrichtungen angeboten. Im Winter eröffnet hier eine 18 000 m^2 große Eisbahn *(Di–So 10–23 mit einer Pause von 15–17 Uhr)* mit eigenem Schlittschuhverleih. *Tgl. 24 Std. | Eintritt frei | Krimski Wal 9 | www.park-gorkogo.com | Metro 1, 5 Park Kultury*

6 HAUS AN DER MOSKWA (DOM NA NABERESCHNOI) (141 E3) (*G12*)

Zu Stalins Zeiten konnte die Politelite zu Fuß über die Brücke südwestlich des Kreml nach Hause gehen. Am anderen Ufer der Moskwa liegt noch heute der graue Wohnblock, der schlicht „das Haus an der Uferstraße" genannt wird, aber eine selten dramatische Geschichte hat. 1931 wurden die 505 Luxuswohnungen von hochrangigen Sowjetfunktionären und ihren Familien bezogen. In dem Gebäude waren Kindergarten, Poliklinik, Geschäfte, Friseur und Sporthalle untergebracht. Auch Stalins Kinder Wassili und Swetlana lebten dort. Nur

sechs Jahre später wurde das Wohnparadies zur Hölle. 700 der Bewohner kamen ins Straflager, 300 wurden erschossen, darunter Marschall Tuchatschewski und Stalins einstiger Chef-Ökonom, Nikolai Bucharin. Etliche Gedenktafeln an der Hauswand erinnern daran.
Das Haus war schon auf belastetem Grund gebaut worden. Seit dem 15. Jh. hatte sich hier Moskaus Hinrichtungsstätte befunden. Beim Bau des Wohnblocks wurden Lastwagen voller Knochen abgefahren. Heute ist der Komplex wieder einer der teuersten Moskaus und über eine neue Fußgängerbrücke mit der wiederaufgebauten Christ-Erlöser-Kathedrale verbunden, die Stalin bei Fertigstellung des Hauses hatte sprengen lassen. *Uliza Serafimowitscha 2 | Metro 1, 9 Kropotkinskaja, Borowitskaja*

Zentrum der Zeitgenossen: Die *Garage* zählt zu Moskaus bedeutendsten Ausstellungsräumen

7 MOSKAU-MUSEUM (MUSEJ MOSKWY) (140 C4) (*F13*)

Eins der ältesten Museen Moskaus zeigt – leider recht trocken aufbereitet – Ausgrabungsstücke, Karten und Gemälde zur Stadtgeschichte und diverse Kremlmodelle. Gelegentlich interessante Wechselausstellungen, gut sortierter *Museumsshop* mit originellen Mitbringseln. *Di, Mi, Fr–So 10–20, Do 11–21 Uhr, letzter Fr im Monat geschl. | 200 Rubel | Subowskij Bulwar 2 | www.mosmuseum.ru | Metro 1, 5 Park Kultury*

8 NEUE TRETJAKOW-GALERIE (141 E5) (*F13–14*)

Der jüngere Ableger der Tretjakow-Galerie zeigt Gemälde von 1917 bis zur Gegenwart. In einer großen Abtei ung für Sozialistischen Realismus werden die Siege des Sozialismus dargestellt. In der Galerie sind aber auch das Schwarze Quadrat von Kasimir Malewitsch, Werke Wassily Kandinskys und sowjetischer Konstruktivisten zu finden. *Di–Do, So 10–19.30, Fr/Sa 12–21 Uhr | 450 Rubel, im Sommer mittwochs kostenloser Eintritt | Krimski Wal 10 | www.tretyakovgallery.ru | Metro 5, 6 Oktjabrskaja*

9 TRETJAKOW-GALERIE ★ ●
(142 A3–4) *(G12)*

Was die Eremitage für St. Petersburg ist, das ist für Moskau die Tretjakow-Galerie. Die Sammlung reicht von mittelalterlichen Ikonen bis zu Marc Chagall. 1892 schenkte der Kaufmann und Kunstmäzen Pawel Tretjakow der Stadt seine 2000 Gemälde, die Sammlung seines Bruders sowie das Haus, wo die Werke bereits seit 1881 eintrittsfrei zu sehen waren. Tretjakow blieb bis zu seinem Tod Direktor der „Tretjakowka". Doch erst Revolutionswirren und Bürgerkrieg machten das 1917 verstaatlichte Museum zu dem, was es heute ist. Viele Kunstliebhaber gaben ihre Stücke freiwillig ab. Andere private Sammlungen beschlagnahmte man.

Derzeit werden in der Tretjakowka 100 000 Exponate gezeigt: alte russische Kunst, Werke vom Anfang des 20. Jhs., Grafiken (18.–20. Jh.), Skulpturen, Sowjetkunst. *Di/Mi, So 10–18, Do–Sa 10–21 Uhr | 450 Rubel | Lawruschinski Pereulok 10 | www.tretyakovgallery.ru | Metro 6, 8 Tretjakowskaja*

10 ZENTRALES HAUS DES KÜNSTLERS (TSENTRALNY DOM CHUDOSCHNIKA) (141 E5) *(F13–14)*

Den Eingangsbereich im Zentralen Haus des Künstlers dominieren Kunsthandwerker, Boutiquen und Musikevents. Der große weiße Betonkasten gegenüber dem Gorki-Park bietet russischen Gegenwartskünstlern aber auch Ausstellungsmöglichkeiten. Hinter dem Haus liegt Moskaus Skulpturenfriedhof, der *Museumspark Museon*. Dort lagern die Denkmäler der Sowjetzeit. Größte Skulptur ist die des KGB-Gründers Felix Dserschinski. *Di–So 11–20 Uhr | 350 Rubel | Krimski Wal 10 | www.cha.ru | Metro 5, 6 Oktjabrskaja*

ARBAT & TWERSKAJA

Vom Kreml aus Richtung Westen führt eine Schneise durch die Altstadt. An den Hochhäusern des „Neuen Arbat" glitzert die Kasino- und Diskowerbung.

Verdankt Namen und Dasein den kunstbeflissenen Brüdern Pawel und Sergej: Tretjakow-Galerie

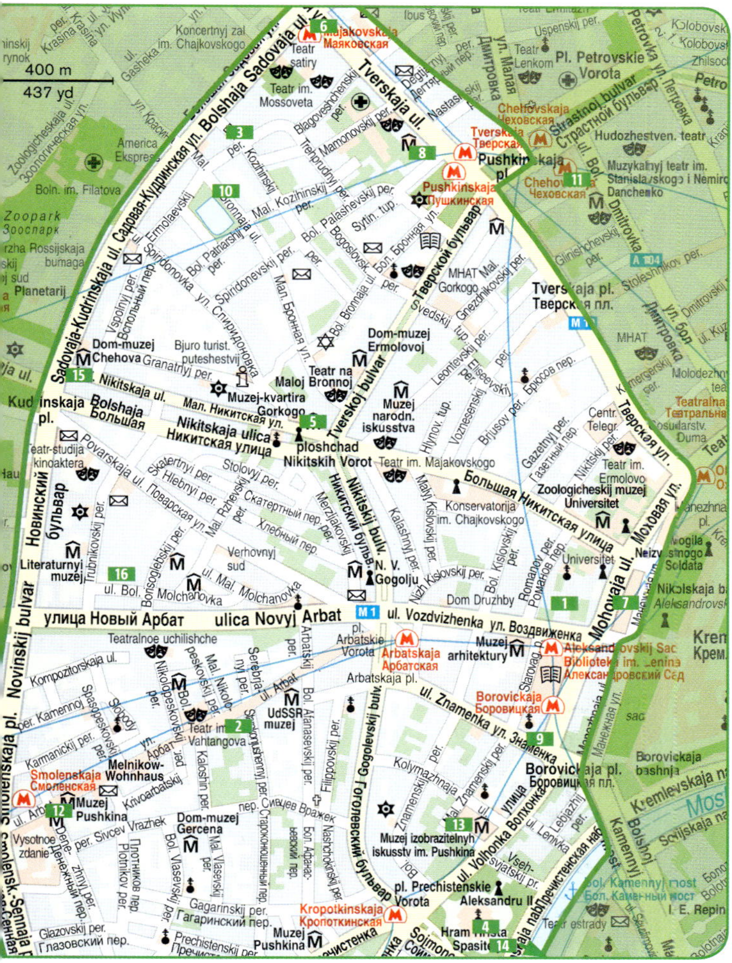

SEHENSWERTES NAHE ARBAT & TWERSKAJA

1 Alte Universität
2 Alter Arbat
3 Bulgakow-Museum
4 Christ-Erlöser-Kathedrale
5 Gorki-Museum
6 Harmonika-Museum
7 Manege
8 Museum für Neuere Geschichte Russlands
9 Paschkow-Haus
10 Patriarchenteiche
11 Puschkin-Denkmal
12 Puschkin-Haus
13 Puschkin-Museum
14 Roter Oktober
15 Tschechow-Museum
16 Zwetajewa-Museum

Nikita Chruschtschow wollte eine moderne Hochhausallee wie in New York – und freie Fahrt vom Kreml zu den ZK-Datschen vor der Stadt. Trotz Widerstands der Bewohner wurde das alte Adels- und Kaufmannsviertel Arbat, eine Mischung aus Palästen und Mietshäusern, einfach zerschnitten. Seine Atmosphäre blieb dennoch erhalten, im *Alten Arbat,* der ersten Fußgängerzone der UdSSR, überragt vom Zuckerbäckerbau des Außenministeriums. In dem alten Künstlerviertel wohnten einst Dichter, Denker und Sänger: Puschkin, Tschechow, Zwetajewa und Okudschawa. Heute warten hier Künstler, Porträtmaler und Matroschka-Händler auf Touristen.

Vom Kreml nach Nordwesten führt die Twerskaja-Straße, über welche die Zaren einst aus St. Petersburg gekommen waren. Sie war und ist eine der prominentesten Geschäftsstraßen Moskaus, hieß zu Sowjetzeiten Gorki-Straße und war zwischenzeitlich die Schlagader des Moskauer Nachtlebens. Zwischen Twerskaja und Arbat sind die Domizile der berühmten Schriftsteller Maxim Gorki, Anton Tschechow, Nikolai Gogol und Michail Bulgakow zu besichtigen. Südwestlich des Kreml erheben sich die gewaltigen Kuppeln der wiederaufgebauten imposanten Christ-Erlöser-Kirche. Das Puschkin-Museum zeigt Troja-Gold, ägyptische Grabbeigaben und französische Impressionisten.

1 ALTE UNIVERSITÄT

(134 B3–4) (*F10*)

Direkt gegenüber dem Kreml wird Journalistik studiert – in einem der schönsten Gebäude Moskaus aus dem Jahr 1793. Ursprünglich befand sich hier die von Lomonossow gegründete älteste Universität Russlands. Nur wenige Schritte weiter liegt ein Teil der Medizinischen Fakultät, im Hinterhof ist das Paläontologische Museum. *Uliza Mochowaja 9–11 | Metro 1 Biblioteka Imeni Lenina*

2 ALTER ARBAT

(140–141 B–D 1–2) (*D–E 10–11*)

So viele Souvenirläden und Straßenmusikanten wie hier gibt es in der ganzen Stadt nicht noch einmal. Leider machen sich immer mehr Café- und Imbissketten breit, und irgendwo wird immer gebaut. Ein kurzer Bummel lohnt sich trotzdem. *Metro 3, 4 Arbatskaja, Smolenskaja*

3 INSIDER TIPP BULGAKOW-MUSEUM

(137 D4) (*E8*)

Die dunkle Wohnung im Dachgeschoss eines Hinterhof-Mietshauses ist zum Kulttreff der Bulgakow-Fans geworden. An den Wänden des Treppenhauses findet man keinen freien Platz mehr, alles ist über und über besprüht und beschrieben. In der Wohnung schrieb Bulgakow seinen Roman „Meister und Margarita" über eine Inspektionsreise des Satans ins Moskau der 1930er-Jahre, die an den Patriarchenteichen beginnt und am Paschkow-Haus endet. Das Museum bietet auch Exkursionen auf den Spuren des Schriftstellers und regelmäßig Theaterabende an. Nur in russischer Sprache. *So–Do 13–23, Fr–Sa 13–1 Uhr | 300 Rubel | Bolschaja Sadowaja Uliza 10 | www.dombulgakova.ru | Metro 2 Majakowskaja*

4 CHRIST-ERLÖSER-KATHEDRALE (CHRAM CHRISTA SPASITELJA) ★

● (141 E3) (*F12*)

Die wiederaufgebaute, leuchtend weiße Kathedrale, deren goldene Kuppeln weithin das Stadtbild prägen, ist inzwischen zur wichtigsten Kirche Russlands geworden. Weihnachts- und Ostermessen werden hier vom Patriarchen persönlich gehalten. Ursprünglich sollte die Kathedrale 1812 nach dem Sieg über Napole-

Unter den Kuppeln der Christ-Erlöser-Kathedrale finden mehr als 10 000 Gläubige Platz

on gebaut werden, wurde aber erst 1883 vollendet. 1931 ließ Stalin sie sprengen, da an ihrer Stelle das achte Zuckerbäckerhochhaus entstehen sollte, ein gigantischer, 315 m hoher Palast der Sowjets, gekrönt von einer großen Lenin-Statue. Doch Probleme mit dem Baugrund und bei der Finanzierung sorgten für einen Baustopp. Die schon ausgehobene Grube wurde später unter Chruschtschow ganz pragmatisch zum Schwimmbecken umfunktioniert.

Ab 1994 begann schließlich der Wiederaufbau der Kathedrale, der größtenteils durch Spenden finanziert wurde. Die dramatische Geschichte dieses Gotteshauses können Sie in einem Museum im Keller der Kirche nachvollziehen. Beim Wiederaufbau blieben die Architekten dicht am historischen Vorbild. Mehr als 10 000 Gläubige finden in der Christ-Erlöser-Kathedrale Platz. Den Eingang hütet das wahrscheinlich schlecht gelaunteste Securityteam im Moskauer Zentrum. Eine neue Fußgängerbrücke verbindet das Gotteshaus mit dem gegenüberliegenden Ufer der Moskwa. *Di–So 10–17, Mo 13–17 Uhr, Abweichungen an Feiertagen möglich | Uliza Wolchonka 15 | www.xxc.ru | Metro 1 Kropotkinskaja*

5 GORKI-MUSEUM (MUSEJ-KWARTIRA IMENI GORKOGO)

(137 D6) (*E9*)

Die Villa Rjabuschinski ist eines der herausragenden Beispiele für den Moskauer Jugendstil. Der russische Architekt Fjodor Schechtel baute sie 1906 für den Kaufmann Rjabuschinski. Der Schriftsteller Maxim Gorki verbrachte in diesem Haus seine letzten Lebensjahre von 1931 bis 1935. Seine umfangreiche Bibliothek kann noch immer besichtigt werden, da bereits 1965 ein Museum im Gebäude eröffnet wurde. Ganz besonders sehenswert ist die Innenausstattung des Hauses, die ganz im Zeichen des Jugendstils stand, vor allem das außergewöhnliche Treppenhaus sticht hervor. *Mi–So 11–17.30 Uhr, letzter Do im Monat geschl. |*

a Nikitskaja Uliza 6/2 | kaja, Puschkinskaja

6 HAR A-MUSEUM (MUSEJ RUSSKOJ GARMONIKI)

(136 C3) (*D6*)

Eins von weltweit vier Museen, die sich dem russischen Nationalinstrument widmen. Zu erleben gibt es historische Harmonikas ab 1780. *Di/Mi 10–20, Do 11–21, Fr–So10–20 Uhr, letzter Fr im Monat geschl. | 200 Rubel | Uliza 2. Twerskaja-Jamskaja 18 | Metro 2 Majakowskaja*

7 MANEGE ★ (134 B4) (*G10*)

Die Manege, die direkt an den Alexandergarten anschließt, diente 1817 als Reitstall des Kreml, wurde aber bereits seit 1831 als Ausstellungs- und Konzertsaal genutzt. Nach 1917 beherbergte sie den Kremlfuhrpark. Ein technisches und ästhetisches Wunder ist die freitragende Holzbalkenkonstruktion der Decke mit knapp 45 m Breite, die nach einem verheerenden Brand 2004 wiederhergestellt wurde. Heute gibt es hier fortlaufend Mode- und Kunstausstellungen. Vor der Manege steht ein Pferdebrunnen von Surab Zereteli, dessen Rösser Richtung Kreml zu galoppieren scheinen. *Di–So 12–22 Uhr | 250 Rubel | Maneschnaja Ploschad 1 | www.moscowmanege.ru | Metro 4 Aleksandrowski Sad*

8 MUSEUM FÜR NEUERE GESCHICHTE RUSSLANDS (MUSEJ SOWREMENNOI ISTORII ROSSII)

(137 D4) (*F8*)

Bis zur Oktoberrevolution trafen sich in diesem klassizistischen Gebäude die 500 Mitglieder des Englischen Clubs – vor allem Ausländer und russische Aristokraten – zu ausgiebigen Gelagen und Diskussionen. Frauen waren nicht zugelassen. Das zu Beginn der 1920er-Jahre eingerichtete Revolutionsmuseum wurde 1998 in das Museum für Neuere Geschichte umgewandelt. Der von russischen Oligarchen neu gegründete elitäre *Englische Club* trifft sich indes woanders. Erläute-

PROMENIEREN & PERFORMEN

Es beginnt auf einem Friedhof, irgendwo in Moskau. Kein Reiseführer, bloß Kopfhörer gibt es für die Teilnehmer des Audio-Stadtrundgangs **INSIDER TIPP** *Remote Moscow (Di–So jeweils 13, 14, 15, 16, 17 und 19.30 Uhr | Dauer 100 Min. | ab ca. 22,50 Euro | remote-moscow.ru/eng)*. Eine geheimnisvolle Stimme gibt darüber Anweisungen, Wegbeschreibungen und Denkanstöße direkt ins Ohr. Mit Offensichtlichem hält sich die preisgekrönte Tour nicht auf; Kreml, Roter Platz, Gorki-Park, das sollen andere zeigen. Hier geht es durch Hinterhöfe und in Keller, an Grafitti-Wänden vorbei, runter in die Metro und wieder rauf, zum Wettlauf in den Park – wenn man alles mitmacht, was die Stimme anordnet. Denn zwischen kollektivem Selfie vor einem Spiegel und Ballettübungen auf der Rolltreppe spielt *Remote Moscow* auch mit Gruppendynamik. Und mit dem Selbstverständnis des Spazierenden, denn der wird zum Darsteller, die Promenade zur Performance – und endet zu *special effects* an einem Ort, wo man als einfacher Moskautourist sonst so einfach nicht hinkommt. Einfach über die Website anmelden. Wer Russisch versteht, hat die größere Terminauswahl, es gibt den Mann im Ohr aber auch auf Englisch.

Vom Haus des Kaufmanns Pjotr Paschkow aus ist die Macht überschaubar

rungen an den Exponaten teilweise nur in russischer Sprache. *Di/Mi/Fr 10–18, Do 12–21, Sa/So 11–19 Uhr | 250 Rubel | Twerskaja Uliza 21 | www.sovr.ru | Metro 2, 7 Twerskaja, Puschkinskaja*

9 PASCHKOW-HAUS

(134 A5) (*🕮 F11*)

Der Bauherr und Kaufmann Pjotr Paschkow konnte von seiner klassizistischen Villa aus auf den Kreml herabblicken. Das Haus wurde 1788 mit einer mächtigen Säulenfassade auf einem künstlich angelegten Hügel gebaut. Seit 1839 diente es als Kunstmuseum und Bücherei, die schließlich 1925 zur staatlichen Lenin-Bibliothek wurde. Deren grauer Neubau überragt das Paschkow-Haus heute bei Weitem. *Uliza Mochowaja | Ecke Uliza Snamenka | Metro 9 Borowitskaja*

10 PATRIARCHENTEICHE (PATRIARSCHIJE PRUDY)

(136–137 C–D 4–5) (*🕮 D–E 8–9*)

Im historischen Stadtzentrum erstreckt sich zwischen den Metrostationen Majakowskaja und Twerskaja/Puschkinskaja ein inzwischen äußerst beliebtes und sehr ruhiges Wohnviertel, dessen Name von einem knapp 10 000 m² großen und rund 2 m tiefen Teich stammt. Da sich nahe diesem Teich ursprünglich zwei weitere befanden, wird für die Bezeichnung des Viertels bis heute die Mehrzahl verwendet. Mittlerweile haben sich um den verbliebenen *Patriarchenteich* (136 C5) (*🕮 E8*) und in den angrenzenden Straßen viele INSIDER TIPP gemütliche Cafés und individuelle Boutiquen angesiedelt. Lassen Sie sich hier einfach mal treiben und genießen Sie den Augenblick in einem der europäischsten und ruhigsten, aber auch teuersten Viertel Moskaus.

11 PUSCHKIN-DENKMAL

(137 E4) (*🕮 F8*)

Puschkin ist der populärste Treffpunkt für Verliebte in Moskau. Von hier aus können Sie in alle Richtungen weiterspazieren – oder einfach hinter der Bronze-Statue am Springbrunnen sitzen. *Puschkinskaja Plo-*

Dickes Ding: Wostock-Rakete auf dem WWZ-Gelände

schad | Metro 2, 7, 9 Twerskaja, Puschkinskaja, Tschechowskaja

12 PUSCHKIN-HAUS (140 C2) (*🕮 D11*)

In dem Haus am Alten Arbat mietete sich Puschkin 1830/31 für ein halbes Jahr mit seiner Frau Natalia ein. 1986 wurde hier eine Puschkin-Gedenkausstellung eröffnet. Auch der Wohnbereich der Puschkins ist inzwischen wiederhergestellt worden. *Fr–Mi 10–18, Do 12–21 Uhr | 170 Rubel | Pretschistenka 12/2 | www.pushkinmuseum.ru | Metro 1 Kropotkinskaja*

13 PUSCHKIN-MUSEUM ★ (141 E2) (*🕮 F11*)

Ein ganzer Tag reicht kaum für einen Rundgang durch das Puschkin-Museum. Die Sammlung ist mit über 500 000 Exponaten die zweitgrößte des Landes nach der Petersburger Ermitage. Ihr zugrunde liegt die Kunstsammlung der Moskauer Universität aus dem 19. Jh. 1912 wurde das Museum eröffnet, wobei Direktor Iwan Zwetajew (Vater der Dichterin Marina Zwetajewa) damals Gipskopien aller berühmten Statuen der Antike ausstellen wollte – die übrigens noch bis heute dort zu sehen sind. Darüber hinaus gehören ägyptische Mumien und sumerische Reliefs zum alten Bestand.

Nach 1917 wurde das Museum verstaatlicht und die Kollektion durch Privatsammlungen aufgestockt. Seit 1937 heißt das Haus Puschkin-Museum. Es beherbergt eine der größten Impressionistensammlungen der Welt: Unter anderem sind hier Werke von Auguste Renoir, Claude Monet und Paul Cézanne vertreten. Auch Bilder von Wassily Kandinsky, Marc Chagall und Pablo Picasso oder Rembrandt van Rijn und Vincent van Gogh können bewundert werden, seit 2006 sogar in einem neuen Ausstellungssaal. Zu den Museumsbeständen gehören weiterhin das Troja-Gold Heinrich Schliemanns sowie eine Kollektion der Bremer Kunsthalle, die beide 1945 als Beutekunst nach Moskau kamen. *Di/Mi, Fr–So 11–19, Do 11–21 Uhr | 300 Rubel | Uliza Wolchonka 12 | www.artsmuseum.ru | Metro 1 Kropotkinskaja*

14 ROTER OKTOBER (KRASNY OKTJABR) ★ (141 E4) (F12–13)

Früher Schokoladenfabrik, heute Heimat für Clubs, Cafés und kleine Internetfirmen – die Backsteinbauten am Fluss sind einen Schlenker wert. Wer einen Blick in die Seitenstraßen wagt, findet immer wieder leuchtend bunte Street Art an den Wänden. *Bersenewskij Pereulok 3/10 | Gebäude 8 | Metro 1 Kropotkinskaja*

15 TSCHECHOW-MUSEUM (136 C5) (D9)

Das unscheinbare rote Häuschen scheint von den Nachbargebäuden fast erdrückt zu werden. Anton Tschechow arbeitete hier von 1886 bis 1890 als Arzt und Dichter, bevor er nach Sachalin ging und dort schwer an Tuberkulose erkrankte. Das 1954 eröffnete Museum vermittelt einen Eindruck von der Atmosphäre, die zu seinen Lebzeiten geherrscht haben muss. *Di/Mi, Fr–So 11–18, Do 14–20 Uhr, letzter Tag des Monats geschl. | 100 Rubel | Sadowaja-Kudrinskaja Uliza 6 | Metro 7 Barrikadnaja*

16 ZWETAJEWA-MUSEUM (140 C1) (D10)

Eine kleine Villa im Stil des Moskauer Klassizismus. Die Dichterin Marina Zwetajewa lebte hier bis zu ihrer Emigration im Jahr 1922. Das baufällige Gebäude sollte schon mehrfach abgerissen werden, wurde dann jedoch von einer Bürgerinitiative renoviert. Zu besichtigen sind die Wohnung Zwetajewas und das große Archiv russischer Emigrationsliteratur. Regelmäßig werden Dichterlesungen, Konzerte und Ausstellungen veranstaltet. *Di, Mi, Fr–So 12–18, Do 12–21 Uhr, letzter Fr im Monat geschl. | 100 Rubel | Borissoglebski Pereulok 6 | www.dommuseum.ru | Metro 3, 7 Smolenskaja, Barrikadnaja*

AUSSERHALB DER CITY

ALLRUSSISCHES AUSSTELLUNGSGELÄNDE (WWZ) (144 C3) (0)

Schon der Eingang zum WWZ symbolisiert sowjetische Schaffenskraft. Dort steht das *Denkmal der Raumfahrt*, eine Hommage an den russischen Sputnik: Die Rakete saust auf einem Feuerschweif aus poliertem Titanblech bis in 99 m Höhe. Das 200-ha-Gelände der einst gen Volkswirtschaftsausstellung der Sowjetunion selbst ist auch einen Spaziergang wert. 1939 ließ Stalin hier die Errungenschaften der Kollektivierung vorführen. Die Gäste wurden von der Statue *Arbeiter und Kolchosbäuerin* von Vera Muchina begrüßt, welche diese für die Pariser Weltausstellung 1937 entworfen hatte. Jede Sowjetrepublik bekam ihren Pavillon mit typischen Architekturelementen. Seit 1990 wurde alles privatisiert und das Areal verwandelte sich in einen riesigen Basar. Ponyreiten, Schießbuden und Autoskooter muntern vom Museum genervte Sprösslinge wieder auf. *Tgl. 9–23 (Pavillons schließen früher) | Eintritt frei | Prospekt Mira 119 | www.vvcentre.ru | Metro 6 WDNCh*

Im Sockel des Raumfahrt-Denkmals eröffnete passend zum Thema eine überraschend große *Ausstellung über die Entwicklung der russischen Raumfahrt (nur in russischer Sprache | Di, Mi, Fr–So 10–19, Do 10–21 Uhr | 200 Rubel | Prospekt Mira 111 | Metro 6 WDNCh)*.

ANDRONIKOW-KLOSTER (ANDRONIKOW MONASTYR) (143 F2) (M11)

Das Kloster beherbergt das *Museum für Altrussische Kunst und Ikonen*. 1360 gegründet und dann zerstört, wurde es 1427 aus weißem Kalkstein neu aufgebaut. Der berühmte russische Ikonenmaler Andrej Rubljow wirkte hier bis zu seinem Tod 1430. Erhalten sind Fresken an den Altarraumfenstern der Erlöserkirche, die ein Musterbeispiel früher russischer Kirchenarchitektur ist. Rubljow-Ikonen, deren Originale im Kreml und in der Tretjakow-Galerie zu sehen sind, werden hier nur in Kopien gezeigt. Insgesamt besitzt das Museum 5000 Ikonen aus der russischen Provinz, darunter auch Werke des Dionissij, aber auch wertvolle Gesangsbücher und Kirchenrequisiten. Bis 1950 war im Kloster das Archiv des KGB untergebracht. *Mo, Di, Fr–So 11–18, Do 14–21 Uhr, letzter Fr im Monat geschl. | 350 Rubel | Andronewskaja Ploschad 10 | www.rublev-museum.ru | Metro 8, 10 Ploschad Ilitscha, Rimskaja*

AUSSICHTSPLATTFORM SPERLINGSBERGE (SMOTROWAJA PLOSCHADKA) (U B4) (*A18*)

Der Platz auf dem 80 m hohen Ufer des Moskwa-Flusses mit Blick auf das Stadtpanorama der Hauptstadt und sieben Zuckerbäckerbauten ist Moskaus INSIDER TIPP populärster Ort für Hochzeitsfotos und Motorradtreffen. Im Winter sind zudem die Skisprungschanzen und -abfahrten äußerst beliebt. Früher ritten die Zaren im Wald der *Sperlingsberge (Worobjowy Gory)* zur Jagd, heute bevölkern Jogger die zahlreichen Uferwege des Naturschutzgebiets. *Uliza Kossygina | Metro 1 Worobjowy Gory*

DANILOW-KLOSTER (DANILOWSKI MONASTYR) (U D4) (*H18*)

Das älteste Kloster der Stadt ist heute der Sitz des Oberhauptes der russisch-orthodoxen Kirche, des Patriarchen von Moskau. Es wurde 1282 vor der Stadt von Fürst Alexander Newskis Sohn Daniil gegründet. Neben ihm sind auf dem Gelände auch viele Prominente der Zarenzeit begraben. Nach 1917 bot das Gotteshaus zunächst vielen Geistlichen Schutz vor Verfolgung. 1930 richtete dann der KGB dort ein Waisenheim ein. Leonid Breschnew gab das Kloster kurz vor seinem Tod schließlich an die Kirche zurück. Die Kirchengebäude und die Gesamtanlage sind gleichermaßen sehenswert. Das Kloster befindet sich in einem unansehnlichen Viertel mit alten Fabrikanla-

RICHTIG FIT!

Jogger müssen in Moskau keine Entzugserscheinungen bekommen. Die Alternative zum Benzindunst im Zentrum heißt Sperlingsberge. Der Startpunkt *Worobjowy Gory* **(U B4)** ***(A18)*** *(Metro 1 Worobjowy Gory)* ist die höchste Metrostation der Welt am hohen Ufer der Moskwa mit herrlichem Panoramablick. Von hier aus können Sie in beide Richtungen durch den Uferwald joggen, am besten laufen Sie aber flussabwärts Richtung Gorki-Park, am Andrejewski-Kloster vorbei. Nach ca. 3 km erreichen Sie den Haupteingang des Gorki-Parks, nicht weit von den Metrostationen *Park Kultury* und *Oktjabrskaja*. Sie können dank einiger Unterführungen aber auch am Ufer entlang bis zum Kreml weiterlaufen. Umgekehrt funktioniert die Route ebenso. Im Winter kann man an den Sperlingsbergen gut Ski fahren und rodeln. Im Gorki-Park gibt es auch einen preiswerten *Schlittschuhverleih*.

Im Freilichtmuseum von Kolomenskoje wurde der sagenhafte Holzpalast der Zaren rekonstruiert

gen. *Tgl. 6–21 Uhr | Danilowski Wal 22 | www.msdm.ru | Metro 9 Tulskaja*

FERNSEHTURM OSTANKINO
(144 C3) (*0*)

Nicht einmal eine Minute braucht der Fahrstuhl zur Aussichtsplattform mit Glasboden in 337 m Höhe, von der Besucher an klaren Tagen bis zu 60 km weit über Moskau und ins Umland blicken können. Turmbesichtigungen nur nach vorheriger Anmeldung und mit Pass oder anderem Ausweis. Der erste Termin ist um 10 Uhr morgens, der letzte um 22 Uhr. Kinder dürfen erst ab sieben Jahren mit hinauf. Das Restaurant *Im 7. Himmel* war bei Redaktionsschluss geschlossen. *980 Rubel | Uliza Akademika Korolyowa 15 | Tel. 495 9 26 61 11 | www.tvtower.ru | Metro 6 WDNCh, dann weiter mit Bus 13 oder 15*

INSIDER TIPP FILZSTIEFELMUSEUM (MUSEJ WALENOK) (U D4) (*K15*)

Dieses Museum widmet sich ganz dem wichtigsten russischen Kleidungsstück, mit welchem dem harten Winter getrotzt wird. Gezeigt werden Anlagen aus Filzstiefel-Manufakturen, Alltagsstiefel und bestickte Meisterwerke aus dem 19. und weiteren Jahrhunderten. Es gibt sogar ein Schnellkursus zur heimischen Produktion. *Besichtigung nur nach Anmeldung Di, Mi, Fr, Sa 11–17.30 Uhr | Eintritt 100, Führungen 250 Rubel | Tel. 910 4 02 59 13 | 2. Koschewnitscheski Pereulok 12 | Metro 2, 5 Pawelezkaja*

FREILICHTMUSEUM KOLOMENSKOJE ★ (U D6) (*0*)

Das heutige Freilichtmuseum, ehemals Zarenresidenz, mit lauter alten Holzgebäuden ist in einer Parkanlage gelegen. Sehenswert sind vor allem die uralten Kirchen von Kolomenskoje. Die *Johannes-der-Täufer-Kirche* gilt als Vorbild der Basilius-Kathedrale auf dem Roten Platz. Die unglaubliche, 62 m hohe Turmkirche der *Himmelfahrtskathedrale*, gebaut 1532 anlässlich der Geburt Iwans des Schrecklichen, gehört zum

Unesco-Weltkulturerbe. Vom sagenhaften Holzpalast der Zaren mit 270 Zimmern war nur noch das Vordertor erhalten – welches jedoch groß genug ist, um dort das *Museum für alte russische*

Sergijew Possad: Die kleine Dreifaltigkeits-Kathedrale birgt das Grab des Heiligen Sergios

Kunst unterzubringen. Inzwischen wurde der Holzpalast rekonstruiert. In den meisten Gebäuden finden Sie thematische Ausstellungen. Der schöne Park am Ufer der Moskwa ist ein beliebtes Naherholungsgebiet. Zweimal im Jahr *(meistens im März und von Mitte Aug.–Anf. Okt.)* findet im Park ein sehenswerter INSIDER TIPP *Honigmarkt* mit zahlreichen Ständen statt. An diesen darf man probieren und kann sich literweise oder mit kleineren Portionen eindecken. *Tgl. 10–19, Museen Mo geschl. | Eintritt Museen 50–300 Rubel | Prospekt Andropowa 39 | mgomz.com/kolomenskoe | Metro 2 Kolomenskaja*

JÜDISCHES MUSEUM & ZENTRUM FÜR TOLERANZ ★ (U C2) *(🕮 F4)*

In einem riesigen Busdepot von 1927 verfolgen Jüdisches Museum und das Zentrum für Toleranz einen erlebnispädagogischen Ansatz. Erzählt wird die Geschichte der russischen Juden ab dem 18. Jh. mit multimedialen Hilfsmitteln und einem Kinosaal, in dem 3-D-Filme laufen. Exponate fehlen fast komplett, dafür dominieren Kulissen und viele interaktive Stationen. Im Zentrum der Ausstellungen stehen der Holocaust und der Zweite Weltkrieg. Die Filme sind zwar englisch untertitelt, an vielen Ausstellungswänden hingegen gibt es nur russische Texte. Das angeschlossene Zentrum für Toleranz wirbt mit sozialpsychologischen Tests, Videos, Interviews und Filmen für mehr Akzeptanz. *So–Do 12–22, Fr 10–15 Uhr | 400 Rubel | Uliza Obraszowa 11 | www.jewish-*

museum.ru | Metro 5 | Tram 9 Nowoslobodskaja

KLOSTERSTADT SERGIJEW POSSAD ★ (145 D1) (⁂ 0)

Wallfahrtsort und Ausflugsziel vor den Toren Moskaus ist das *Dreifaltigkeits-Sergios-Kloster (www.stsl.ru)* mit seinen Zwiebeltürmen in Sergijew Possad, früher auch Sagorsk genannt. Per Vorortzug vom Jaroslawler Bahnhof aus ist es ab 170 Rubel in weniger als 1,5 Stunden zu erreichen. Sergijew Possad ist also ein ideales Ziel für einen Tagesausflug.

Das Kloster ist bis heute das wichtigste geistliche Zentrum Russlands, vergleichbar dem Vatikan, obwohl die russisch-orthodoxe Kirche weniger zentralistisch aufgebaut ist. Seine blauen und goldenen Zwiebeltürme sind bereits aus großer Ferne zu sehen. Wenn Sie hinter den hohen Festungsmauern über den großen Klosterhof laufen, treffen Sie Schüler des Priesterseminars und der Akademie der russisch-orthodoxen Kirche in ihren schwarzen Soutanen. Zahlreiche Pilger drängen sich in der kleinen Dreifaltigkeitskathedrale von 1422 mit ihren goldenen Kuppeln und dem Grab des Heiligen Sergios. Babuschkas füllen sich in der Brunnenkapelle wundertätiges Wasser ab.

Bis heute ist Sergijew Possad das erste und wichtigste der fünf Lawra- oder Einsiedlerklöstern der russisch-orthodoxen Kirche. Das symbolisiert auch die größte Kirchenglocke der Welt, die rund 72 t schwer und 4,5 m hoch ist. Sie wurde 2004 neu auf dem 87 m hohen Glockenturm angebracht – der bereits 1761 errichtet worden war.

Etwa um 1340 hatte der Bojarensohn Sergios von Radonesch sich in den einsamen Wäldern 68 km nördlich von Moskau eine Mönchsklause und eine kleine Holzkapelle errichtet. Schnell scharten sich Anhänger um ihn. Von hier aus feuerte Sergios den Widerstand gegen die Goldene Horde der Mongolen an und ließ das Kloster befestigen. Die Volkshelden Kusma Minin und Dmitri Poscharski, deren Denkmal auf dem Roten Platz steht, konnten von der Klosterstadt aus schließlich die Befreiung der Stadt organisieren. Für die Zaren der Romanow-Dynastie, die danach auf den russischen Thron gehoben wurden, war das Kloster seitdem ein wichtiger Wallfahrtsort. Der junge Zar Peter der Große fand hier 1688 Zuflucht vor der aufständischen Strelitzengarde. 1919 wurde das Kloster aufgelöst, 1946 aber von Stalin an die Kirche zurückgegeben. Von 1946 bis 1988 war es im Anschluss Sitz des Patriarchen der russisch-orthodoxen Kirche.

Noch heute beeindruckt die 12 m hohe, 6 m dicke und 1,5 km lange weiße *Festungsmauer,* die von den blauen, mit goldenen Sternen geschmückten Zwiebelkuppeln der *Mariä-Entschlafens-Kathedrale* überragt wird, die Iwan der Schreckliche 1559 nach Moskauer Vorbild erbauen ließ. Kleiner, aber noch älter und bedeutsamer ist die *Dreifaltigkeitskathedrale* mit dem *Grab des Klostergründers Sergios.* Das Original der berühmten Dreifaltigkeitsikone des Malers Andrej Rubljow, angeblich ein Schüler von Sergios, wird allerdings heute nicht mehr hier, sondern in der Tretjakow-Galerie ausgestellt. In Sergijew Possad kann nur eine Kopie besichtigt werden. *Tgl. 5.30–20.30, Führungen 8–18 Uhr | Führungen auf Deutsch einzeln 950, Gruppen ab 320 Rubel/p. P.*

KREML IN ISMAILOWO (U F2) (⁂ 0)

Auf einem Hügel am Ufer des Serebrjano-Winogradny-Teichs erhebt sich der Kreml von Ismailowo. Außer dem Kunsthandwerk- und Flohmarkt beherbergt das Gelände einen imposanten Glockenturm und viele hölzerne Turmhäuser. Darin sind zahlreiche Ausstellungen untergebracht, wie ein *Glockenmuseum*, ein *Museum für russisches Spielzeug*, ein *Museum für russische Kostüme* und eines für *russische Märchen*. Besonders empfehlenswert ist die 46 m hohe, Nikolaus von Myra geweihte *Holzkirche*. Der *hölzerne Zarenpalast* von Kolomenskoje ist im Kreml von Ismailowo neu aufgebaut worden und umfasst einen Teich, eine Menagerie und ein Vogelhaus.

Das ● INSIDER TIPP *Wodka-Museum (180 Rubel | www.vodkamuseum.ru)* auf dem Kremlgelände bietet neben den obligatorischen Kostproben auch Geschichtliches und Rezepte. Im Eintrittspreis ist ein Gläschen Mjodowucha enthalten. *Tgl. 10–20 Uhr | Ismailowskoje Schosse 73 | www.kremlin-izmailovo.com | Metro 3 Partisanskaja*

LOMONOSSOW-UNIVERSITÄT

(U B4) *(◻ 0)*

Das 235 m hohe, gigantische Gebäude der Lomonossow-Universität, Moskaus staatlicher Hochschule, überragt seit 1953 die gesamte Szenerie der Sperlingsberge. Die Universität ist eines von sieben Gebäuden im monumentalen stalinistischen Zuckerbäckerstil und normalerweise für Touristen nicht zugänglich. *Uliza Leninskie Gory 1 | Metro 1 Uniwersitet*

INSIDER TIPP MULTIMEDIA ART MUSEUM

(141 D3) *(◻ E12)*

Auf sieben Etagen finden Fotobegeisterte im Multimedia Art Museum ständig wechselnde Ausstellungen weltberühmter Fotografen. Es werden Bilder von den Anfängen der Technik bis hin zur Digitalen Fotografie gezeigt. Ein Videoangebot ergänzt das Programm. Das Museum veranstaltet regelmäßig die *Moskauer Photo Biennale* und das *Internationale Festival für Fashion und Style der Fotografie*. *Di–So 12–21 Uhr | 500 Rubel | Uliza Ostoschenka 16 | www.mamm-mdf.ru | Metro 1, 5 Park Kultury, Kropotkinskaja*

LOW BUDG€T

Die Wiese reicht bis ans Wasser, ab und zu schippert ein Boot vorbei. In ● *Serebrjany Bor* **(144 C3)** *(◻ 0) (4. Choroschweskowo Serebrjanowo Bora Linija | Metro 7 Poleschajewskaja, dann Kleinbus Nr. 65)*, dem Silberwald, fühlt sich Moskau so gar nicht nach Metropole an. Die Moskwa ist hier sauber genug zum Schwimmen, das kostenlose Quasi-Freibad darum beliebt als Ziel einer kleinen Flucht aus der Stadt im heißen, trockenen Sommer.

Für den ersten Moskau-Eindruck eignet sich eine kurze, sehr günstige ● Stadtrundfahrt in eigener Regie. Steigen Sie an der Metrostation *Park Pobedy* **(U A4)** *(◻ 0)* in den *Bus Nr 2*. Eine Fahrkarte kostet nur 50 Rubel, egal wie lange Sie im Bus bleiben. Er fährt den Kutusowski Prospekt stadteinwärts, vorbei am im Zuckerbäckerstil gebauten Hotel *Ukraina*, passiert in einer Schleife u. a. Kreml, Bolschoi-Theater, Lenin-Bibliothek, und kehrt schließlich wieder zurück bis zum Siegespark.

Peter der Große gründete den *Apothekergarten (Aptekarski Ogorod)* **(138 B2)** *(◻ J6) (tgl. 10–22 Uhr | Prospekt Mira 26 | www.hortus.ru | Metro 5 Prospekt Mira)* und pflanzte 1706 persönlich die Lärche, die dort heute noch steht. Für 200 Rubel gibt es subtropische Gewächshäuser und das Laboratorium zu bewundern.

NEUJUNGFRAUENFRIEDHOF (NOWODEWITSCHOJE KLADBISCHTSCHE)

(U B4) (*🕮 A15*)

Seit 1889 wird auf dem 7,5 ha großen Friedhof neben dem Neujungfrauenkloster Moskauer Prominenz beerdigt: So haben unter anderem die Dichter Gogol, Tschechow und Bulgakow, Stalins Frau Nadeschda Alilujewa, Nikita Chruschtschow, Raissa Gorbatschowa, Boris Jelzin und der Cellist Mstislaw Rostropowitsch dort ihre letzte Ruhestätte. Viele der Grabsteine sind Werke berühmter Bildhauer wie Ernst Neiswestny. Eine besonders INSIDER TIPP schöne Atmosphäre herrscht an Ostern auf dem Friedhof. Dann legen Familienangehörige Kuchen auf die Gräber ihrer Angehörigen und zünden Kerzen darauf an. Aber auch wenn die Gräber von einer dicken Schneedecke überzogen sind, lohnt sich ein Besuch. *Tgl. 10–17 Uhr | Luschnetski Projesd 2 | www.novodevichye.com | Metro 1 Sportiwnaja*

NEUJUNGFRAUENKLOSTER (NOWODEWITSCHI MONASTYR) ★ ●

(U B4) (*🕮 A15*)

Es ist die größte und schönste Klosteranlage Moskaus – dank der Nonnen, die 1812 die Zündschnüre von den Sprengsätzen der abrückenden Franzosen löschten. 1524 als Wehrkloster an der Straße nach Polen gebaut, wurde es schnell eines der reichsten russischen Klöster. 1598 wählte man hier Boris Godunow zum Zaren. Er ließ die Mauern nach Kremlvorbild höher bauen und nutzte den Ort als Erster als Verbannungsort für Ehefrauen der höheren Gesellschaft. Peter I. schickte nach dem Strelitzenaufstand 1689 seine Halbschwester Sophia hierher, da sie zu den Putschisten gehört hatte. 1698 wurde seine erste Frau Jewdokia hier zur Nonne geschoren. 1922 machten die Sowjets aus dem Kloster ein Museum für die Frauenbefreiung, 1994 wurde es wieder zum regulären Kloster. Der Komplex ist von der Unesco zum Weltkulturerbe

Hinter den schönen Mauern des Neujungfrauenklosters verschwanden aufmüpfige Frauen

erklärt worden. In der zentralen *Smolensker Kathedrale* sind sehr schöne alte Fresken des 16. Jhs. erhalten. Der sechsstöckige *Glockenturm* wurde 2015 bei Renovierungsarbeiten durch ein Feuer beschädigt. Auf dem Friedhof sind neben zwei Schwestern Peters und seiner Halbschwester auch aufständische Dekabristen von 1825 begraben. *Tgl. 10–17 Uhr, 1. Mo im Monat geschl. | 300 Rubel | Nowodewitschi Prospekt 1 | novodev.msk.ru | Metro 1 Sportiwnaja*

PALAST KUSSKOWO (144 D4) (*🕮 O*)
Eine der größten Porzellansammlungen der Welt präsentiert 30 000 Wunderwerke aus Meißen, China und russischen Manufakturen ab 1700. Sehenswert ist auch der prächtige klassizistische Palast von 1775, der sich, mit Barockelementen verziert, auf steinernem Fundament erhebt – eine verputzte Holzkonstruktion. Ebenso erhalten sind die Orangerie mit historischem Konzert- und Tanzsaal, eine Hauskirche und eine weitläufige Parkanlage mit See. *Mi–So 10–16, Park 10–20 Uhr, letzter Mi im Monat geschl. | ab 150 Rubel | Uliza Junosti 2 | www.kuskovo.ru | Metro 7 Rjasanski Prospekt, dann Bus 133, 208*

PASTERNAK-DATSCHA (144 C4) (*🕮 O*)
Vom Kiewer Bahnhof eine halbe Stunde Fahrt mit der „Elektrischka", dann hält der Zug in Peredelkino. Ein Pfad führt zu der Datschensiedlung, in der seit den Fünfzigerjahren zahlreiche russische Schriftsteller ihre Sommer verbrachten. Der berühmteste von ihnen war Boris Pasternak, dessen Sommerhäuschen heute Besuchern offen steht. In diesen lichtdurchfluteten Räumen schrieb er seinen Roman „Doktor Schiwago", der in der Sowjetunion nicht veröffentlicht werden durfte und daher außer Landes geschmuggelt wurde. Schreibtisch und Bücherregale tragen zur Atmosphäre der Datscha bei, auch der alte Fernseher und Pasternaks Flügel gehören noch heute zum Mobiliar. Pasternak ist allerdings bei weitem nicht der einzige Literat, der hier seine Spuren hinterließ. Auch der Satiriker Ilja Ilf hatte hier sein Häuschen, ebenso Ilja Ehrenburg, der den Begriff „Tauwetter" für die UdSSR unter Chruschtschow prägte. Michail Bulgakow verewigte die Siedlung als „Perelygino" in „Der Meister und Margarita".
Auf dem Weg zurück zum Bahnhof liegen auf einer Anhöhe Pasternaks Grab und die Christus-Verwandlungs-Kirche aus dem 17. Jh. Sie ist die Sommerresidenz des Patriarchen. *Di/Mi 10–16, Do/Fr 10–17, Sa/So 10–18 Uhr, Ticketverkauf bis 30 Minuten vor Ende der Öffnungszeit, letzten Di des Monats geschl. | 250 Rubel | Uliza Pawlenko 3 | pasternakmuseum.ru*

PLANETARIUM ● (136 C5) (*🕮 D9*)
Im Planetarium von 1923 finden Sie auf vier Ebenen neben dem großen Saal in

der Kuppel ein ganzes Vergnügungszentrum mit 3-D-Kino und Cafés. Der Eintritt kostet zwischen 150 und 700 Rubel. *Mi–Mo 10–21 Uhr | Tel. 495 2217690 | Uliza Sadowaja-Kudrinskaja 5/1 | www.planetarium-moscow.ru | Metro 5,7 Barrikadnaja, Krasnopresnenskaja*

SIEGESPARK (PARK POBEDY)
(U A3–4) *(🕮 0)*

Vom Kreml aus Richtung Westen, direkt hinter dem Triumphbogen zur Feier des Siegs über Napoleon, beginnt der Siegespark. Eine Allee von Springbrunnen, die nachts blutrot angeleuchtet sind, führt zum 142 m hohen *Obelisken* mit der griechischen Siegesgöttin Nike. Die Anlage ist beliebt bei Spaziergängern, Hochzeitspaaren und Inlineskatern. Letztere gründeten 2004 sogar eine Schule. Mehr als 40 professionelle Lehrer der *Rollerschool (www.rollerschool.ru)* erteilen Anfängern und Fortgeschrittenen kostenlosen Unterricht im Park *(Mai–Sept. So ab 18 Uhr)*.

Auf einem Hügel liegt das *Ehrenmal für die Gefallenen des 2. Weltkriegs,* in dem es eine Dauerausstellung von Waffen und Schlachtpanoramen gibt. Auf der gegenüberliegenden Straßenseite ist in einem runden Museumsbau das 115 m lange *Panoramagemälde der Schlacht von Borodino (Sa–Mi 10–18, Do 10–21 Uhr, letzter Do im Monat geschl. | 200 Rubel | Kutusowski Prospekt 38)* im Jahr 1812 von Franz Rubo ausgestellt, bei der Napoleon sich nur unter großen, kriegsentscheidenden Verlusten den Weg nach Moskau freikämpfte. *Metro 3 Park Pobedy*

TOLSTOI-HAUS ● (140 C5) *(🕮 D14)*

Eines der wenigen erhaltenen hölzernen Herrenhäuser in Moskau, gelegen in einem ruhigen Garten, gebaut 1800. Tolstoi lebte hier mit seiner Familie 19 Jahre lang bis kurz vor seinem Tod. Die Einrichtung ist komplett erhalten. Es gibt gute Führungen. *Di, Do 12–20, Mi, Fr–So 10–18 Uhr, letzter Fr im Monat geschl. | Uliza Lva Tolstogo 21 | tolstoymuseum.ru | Metro 5 Park Kultury*

Um Krieg und Frieden geht es im Siegespark mit seinen Accessoires von Denkmal bis Obelisk

ESSEN & TRINKEN

Moskau hat Delikatessen für jedermann: für die einen Pellkartoffeln mit Quark vom Straßenimbiss auf die Hand, für die anderen gebackenen Wolga-Stör mit Kaviar und Krimsekt, russische Pelmeni mit Wodka oder japanische Sushi-Platte mit Sake, kaukasisches Schaschlik oder sibirische Fischsuppe *(Ucha)*, Rentierfilet oder italienisches Carpaccio.

Aus der kulinarischen Wüste des sowjetischen Moskau ist ein internationaler Gourmet-Treffpunkt geworden. Die russische Hauptstadt ist Anziehungspunkt für ehrgeizige Küchenchefs und Restaurantbetreiber, da hier der Rubel rollt und nicht nur der Wodka in Strömen fließt. Schon lange haben die über 120 Nationalitäten Russlands ihre Küchen hierher mitgebracht – und sind dabei durchaus stolz und qualitätsbewusst. Gab es zu Sowjetzeiten nur wenige und schlechte Lokale, kommen heute zu den vielen guten fast täglich neue hinzu. Und auch wenn Café auf dem Schild steht, ist oft ein Restaurant drin.

An vielen Straßenecken im Zentrum sieht man japanische Sushi-Bars, in denen die neue Moskauer Mittelschicht ihren kulinarischen Nachholbedarf kalorienbewusst befriedigt. In Frühstückscafés, die es bis vor wenigen Jahren noch gar nicht gab, brunchen an Sonntagen ganze Kleinfamilien. Dank WLAN und Notebook lässt sich zwischendurch auch im Café ganz lässig der eine oder andere Job erledigen. Wer mittelasiatisches Ambiente und *Plow* (oder *Pilaw* – Reistopf mit Fleisch und Gemüse) genießen will,

 Bild: Blinys

Die Moskauer Restaurantszene kann mit dem höchsten internationalen Niveau mithalten – auch preislich. Es geht aber auch günstig

muss nicht nach Taschkent reisen, sondern kann sie in opulent gestalteten Luxusrestaurants oder günstigeren Ketten ausprobieren. Und selbst ein Moosbeerendrink mit Polarkreisatmosphäre ist gleich in Kremlnähe zu bekommen.
In georgischen, aserbaidschanischen und armenischen Restaurants wird an Feiertagen manchmal ohrenbetäubend laute Livemusik für Tanzlustige gespielt, denn ein Restaurantbesuch ist für viele ein Vergnügen, bei dem es nicht allein ums Essen geht.
Zu einer russischen oder kaukasischen Festtafel gehören unbedingt unzählige Vorspeisen, kalte Platten mit Fisch und Fleisch, Pfannkuchen mit Kaviar, Pilzen und Eingelegtem. Darauf folgt – noch vor dem Hauptgang – eine Suppe, zu der es (wie zu fast allem) Brot oder auch Piroggen gibt. Wer nach dem Hauptgericht auch noch den Nachtisch geschafft hat, darf zum krönenden Abschluss Marmelade zum Tee löffeln.
Kein Mokka, kein Espresso – in den Cafés der Innenstadt wissen die Kellner in-

Im Anticafé *Zifferblatt* zählt die Zeit, nicht die Zahl der getrunkenen Kaffees

zwischen, was ein Tourist möchte, der „Kaffee" bestellt. Anderswo empfiehlt es sich, „Americano" hinzuzufügen. Die Maßeinheit für Getränke ist Gramm, die Standardmenge für einen Wodka 100 g, also 0,1 l. Die alte Regel, dass zu jedem alkoholischen Getränk zwingend auch etwas zu Essen und ein Trinkspruch gehören, wird heute nicht mehr so eng gesehen. Inzwischen gibt es sehr gute russische Brauereien, die auch deutsches Bier in Lizenz produzieren. Weine gibt es aus nahezu aller Welt. Wenig Alkohol enthält *Medowucha* (Honigwein). Serviert werden auch alkoholfreie Traditionsgetränke wie *Kwass* (aus Brot hergestellt), *Mors* (Beerensaft) oder oft recht salziges Mineralwasser aus dem Kaukasus.

CAFÉS

BREAKFAST CAFÉ (137 D6) *(E9)*

Die blausten Blaubeeren, der rosigste Räucherlachs – das Essen im Breakfast Café ist auch was für die Augen. Von einer Portion Pfannkuchen (z. B. mit Himbeeren und weißer Schokolade) ist man den halben Tag satt. Freundlicher Service, aber nur wenige Tische – darum sollte man am Wochenende sicherheitshalber reservieren. *Tgl. 8–23 Uhr | Malaja Nikitskaja Uliza 2/1 | Tel. 916 6408636 | www.breakfastcafe.ru | Metro 4 Arbatskaja*

CAFÉ MARGARITA (135 D5) *(E8)*

An den nahen Patriarchenteichen fängt der Roman „Der Meister und Margarita" an, weshalb das Café ein Magnet für Michail-Bulgakow-Fans ist. Einfache gute Küche; empfehlenswert: die Pilze und der türkische Mokka. Abends Klaviermusik. *Tgl. 13–24 Uhr | Uliza Malaja Bronnaja 28 | Tel. 495 6996534 | www.cafe-margarita.ru | Metro 2 Majakowskaja*

INSIDER TIPP **COFFEE PIÙ**
(138 C5) *(J9)*

In dem wie eine Backstube gestalteten Café lässt es sich in entspannter Atmosphäre gut frühstücken oder zu Mittag essen. Die Spezialität des Più sind die frischen Backwaren und Kuchen. Im offenen Backbereich können Gäste den Bäckern auf die Finger schauen. *Mo–Fr 8–23, Sa/So 10–23 Uhr | Tschistoprudyj Bulwar 9 | Metro 1 Tschistyje Prudy*

gibt e Ke

INSIDER TIPP COOK'KAREKU (136 C5) (D9)
Rund um die Uhr gibt es hier Frühstück aus aller Herren Länder – mit Rabatt auf alle Mahlzeiten, in deren Ursprungsland gerade Frühstückszeit ist. *Sadowaja-Kudrinskaja Uliza 9/4 | www.cookkareku.ru | Metro 7 Barrikadnaja*

CORREA'S (142 A4) (H13)
Kleine, beliebte Filiale der gut besuchten Frühstückscafé-Kette – Tipp fürs Wochenende – mit mediterran-internationaler Speisekarte. *Mo–Fr 8–23, Sa/So 9–23 Uhr | Bolschaja Ordynka Uliza 40/2 | www.correas.ru | Metro 2 Nowokusnezkaja | weitere Filialen auf der Website*

SCHOKOLADNITSA (141 C2) (E11)
Caféhaus-Kette mit zig Filialen, einer z. B. am Arbat. Zu moderaten Preisen gibt es einen schnellen Kaffee auf die Hand, aber auch Frühstück, Tee und luxuriöse heiße Schokolade. *Tgl. 7–23 Uhr | Uliza Arbat 29 | www.shoko.ru | Metro 3 Smolenskaja | weitere Filialen auf der Website*

VASANTA (137 F5)
Cocktails, gute Kü chitektur: Vasan aber die Atmosphäre *Tgl. 11–2 Uhr | Uliza Neglinnaja 14 | w vasanta-cafe.ru | Metro 7 Kusnezki Most*

INSIDER TIPP ZIFFERBLATT ●
(137 E5) (F8)
Der Pionier unter Moskaus zahlreichen Anticafés, die alle nach demselben Prinzip funktionieren: Statt seinen Verzehr bezahlt der Gast für die Dauer seines Aufenthalts – zwei Rubel pro Minute. Das macht pro Stunde etwa drei Euro. Dafür gibt es in vielen Moskauer Cafés nicht mal einen Cappuccino. Jeder Gast erhält am Eingang einen nostalgischen Wecker, der nur symbolischen Charakter hat. Viele Zifferblätter haben gar keinen Zeiger mehr. Das Personal notiert sich die Ankunftszeit, danach darf sich jeder selbst bedienen, auf einem Sofa sitzen oder im Schaukelstuhl die Beine baumeln lassen. In dem wie eine gemütliche Wohnung eingerichteten Zifferblatt

MARCO POLO HIGHLIGHTS

★ **Beloje Solnze Pustyni**
Reistopf à la Taschkent – hier erinnert alles an den Sowjet-Kultstreifen „Weiße Sonne der Wüste" → S. 69

★ **Café Puschkin**
Wenn ein Lokal für Moskau steht, dann dieses. Hier erleben Sie beste russische Küche, die in imperialem Ambiente serviert wird → S. 69

★ **Bosco Café**
Was Moskau ausmacht: Wein und Pasta mit direktem Blick auf den Roten Platz und Lenins Mausoleum im großen Kaufhaus GUM genießen → S. 71

★ **Mr. Lee**
Edel-Asiate mit opulentem Dekor. Man serviert hier verlässlich gute asiatische Küche in zentraler Lage → S. 69

★ **Taras Bulba**
Hier steht feurige ukrainische Küche auf der Karte. Jedes Restaurant dieser Kette ist wie eine typische Dorfgaststätte eingerichtet → S. 75

★ **Zentralny Dom Literatorow**
Ein Luxusrestaurant mit zwei separaten Kaminzimmern für kleine Gruppen – nicht nur für Literaten interessant → S. 68

Tee oder Kaffee und jede Menge ...e. Speisen dürfen auch mitgebracht ...erden. *Tgl. 11–24 Uhr | Twerskaja Uliza 12/1, im zweiten Stock, an der Haustür klingeln | ziferblat.net | Metro 7 Puschkinskaja | weitere Filialen auf der Website*

ZURZUM-CAFÉ (139 E6) *(🗺 0)*
Im Kulturzentrum Winsavod bietet das ZurZum zu jeder Tageszeit die passende Speise an. Wer es etwas verspielt und kitschig mag, ist hier richtig. Beeindruckend ist die riesige Cocktailkarte. *Tgl. 10–23 Uhr | 4. Syromjatnitscheski Pereulok 1/6 | Metro 5 Kurskaja*

RESTAURANTS €€€

LA BARGE (140 A1) *(🗺 B10)*
Schickes Schiff an einer Moskwa-Schleife, direkt neben dem Hotel Ukraina. Gute Fischkarte. Reichen im Hochsommer die

GOURMETTEMPEL

Godunow (135 D2) ***(🗺 G9)***
Traditionelle russische Küche, serviert in Klostergewölben des 17. Jhs. Die wiederentdeckten alten russischen Rezepte sind kulinarische Erlebnisse – Hauptgerichte ab 1000 Rubel, mit Livemusik. *Tgl. 12–24 Uhr | Teatralnaja Ploschad 5 | Tel. 495 6 98 44 80 | Metro 1, 2, 3 Ochotnyj Rjad, Teatralnaja, Ploschad Revoluzii*

Menu (140 C2) ***(🗺 D11)***
Das Küchenteam des Restaurants im teuren Hotel *Lotte* setzt auf französisch inspirierte Küche mit russischen Akzenten – wie etwa bei den Spaghetti in Wodka-Kaviar-Sauce (1680 Rubel). Gluten- und laktosefreie Gerichte sind auf der Speisekarte separat ausgewiesen. *Mo–Fr 12–22.30, Sa/So 18–22.30 Uhr | Novinskiy Bulwar 8/2 | Tel. 495 7 45 10 00 | www.lottehotel.com | Metro 4 Smolenskaja*

Sirena (138 C3) ***(🗺 K6)***
Die „Sirene" gilt als bestes Fischrestaurant ganz Moskaus. Fisch aus der Vitrine für zwischen 200 und 1000 Rubel pro 100 Gramm, fünf Sorten Austern zur Auswahl. *Tgl. 12–24 Uhr | Bolschaja Spasskaja Uliza 15 | Tel. 495 6 08 14 12 | Metro 6 Sucharewskaja*

Turandot (137 E5) ***(🗺 F8)***
Roter Marmor, überall blitzt Gold und funkeln meterhohe Porzellanvasen. Auch die Karte könnte exquisiter nicht sein. Zu Pekingente mit schwarzem Kaviar und hausgemachten Blintschiki (7700 Rubel) geht dort schon mal eine Flasche Wein für 2000 Euro über den Tisch. Samstags und sonntags können Sie sich an einem ausladenden Brunch für 4650 Rubel durch die Spezialitäten aus aller Welt schlemmen. *So–Do 12–24, Fr/Sa 12–1 Uhr | Twerskoj Bulwar 26/3 | Tel. 495 7 39 00 11 | www.turandot-palace.ru | Metro 2 Twerskaja*

Zentralny Dom Literatorow ★ (136 C6) ***(🗺 D9)***
Dunkle Holztäfelung, prächtige Buntglasfenster, tiefblaue Wände und über allem ein Kronleuchter: Wer hier isst, tankt Atmosphäre satt. Hauptgerichte zwischen 900 und 3000 Rubel, Business Lunch deutlich günstiger. *Fr/Sa 12–2, sonst 12–24 Uhr | Powarskaja Uliza 50/53 | Tel. 495 6 63 30 03 | Metro 5, 7 Krasnopresnenskaja, Barrikadnaja*

Turandot: Das Ambiente dürfte der gleichnamigen Prinzessin würdig sein, die Küche wohl auch

Cocktails nicht aus, kühlt Sprühnebel die Gäste an Deck ab. *Tgl. 12–6 Uhr | Nabereschnaja Tarasa Schewtschenko | Tel. 916 2 74 10 00 | Metro 3, 4, 5 Kiewskaja*

BELOJE SOLNZE PUSTYNI ★
(137 F4) (*🗺 G8*)
Eingerichtet wie im gleichnamigen sowjetischen Kultfilm, bietet das Restaurant „Weiße Sonne der Wüste" gute mittelasiatische und arabische Küche. Wer will, raucht hinterher eine Wasserpfeife in einer von zwanzig fruchtigen Geschmacksrichtungen. *Tgl. ab 12 Uhr | Uliza Neglinnaja 29 | Tel. 495 6 25 25 96 | www.bsp-rest.ru | Metro 2, 9, 10 Teatralnaja, Zwetnoi Bulwar, Trubnaja*

CAFÉ PUSCHKIN ★ (137 E5) (*🗺 F8*)
Inmitten von hohen Stuckdecken und Bücherregalen werden ausgezeichnete russische Küche und gute Weine angeboten. Beim INSIDER TIPP Business Lunch *(12–16 Uhr)* gibt es zwei Gänge bereits für 620 Rubel, drei Gänge für 930. *Tgl. 24 Std. | Twerskoj Bulwar 26a | Tel. 495 7 39 00 33 | Metro 2, 7 Twerskaja, Puschkinskaja*

INSIDER TIPP EXPEDICIA
(142 C1) (*🗺 K11*)
Tundrastimmung pur: Hier wird die Küche der Völker des hohen Nordens und Sibiriens serviert. Auf der Karte stehen Elchkoteletts, Rentierleber und Pferdesteak. Zum Restaurant gehört ein kleiner Laden, der sibirische Delikatessen zum Mitnehmen verkauft. *Tgl. ab 12, Livemusik ab 19 Uhr | Pewtscheski Pereulok 6 | Tel. 495 7 75 60 75 | www.expedicia-restaurant.com | Metro 6, 7 Kitaigorod*

MR. LEE ★ (138–139 A5) (*🗺 C9*)
Mitten im Zentrum gelegen, bietet Mr. Lee moderne asiatische Küche. Zu empfehlen sind insbesondere die Wan-Tan-Suppe und Hühnchen in Zitronensoße. Angenehmer und freundlicher Service. *Tgl. ab 12 Uhr | Uliza Kusnezski Most 7 | Tel. 495 6 28 76 78 | Metro 7 Kusnezski Most*

SAXON + PAROLE (137 D5) (*🗺 E8–9*)
Russischer Ableger eines Restaurants in Manhattan – viel Holz, gemütliche Atmosphäre. Wer die Menschen am Nebentisch beeindrucken will, bestellt

…PEZIALITÄTEN

Bliny – kleine Pfannkuchen, die am besten zu Lachs, rotem oder schwarzem Kaviar schmecken. Oder ganz einfach pur mit saurer Sahne *(Smetana)*
Borschtsch – eine Suppe aus Roter Bete, Kartoffeln, Weißkohl und Rindfleisch. Dazu passt ein Löffel dicker saurer Sahne (Foto re.)
Chatschapuri – hat zusammen mit dem Schaschlik aus Georgien kommend Moskau erobert. Dick mit Käse überbackene Teigfladen
Pelmeni – kommen wie die artverwandten Ravioli aus dem Osten. Gekochte Teigtaschen mit Fleischfüllung. Und dazu – Smetana!
Piroggi – gebratene oder gebackene Teigtaschen (Foto li.) gefüllt mit Kohl, Kartoffeln, Pilzen, Fleisch oder Fisch. Eine gute Beilage zu Suppen
Sakusski – die russischen Vorspeisen sind oft dermaßen opulent, dass viele bereits an ihnen scheitern: geräucherter Stör, gesalzener Lachs, Kaviarhäppchen, Hering mit Zwiebeln, Zunge mit Meerrettich, Bratenscheiben, eingelegte Pilzchen, marinierter Knoblauch oder Bärlauch
Soljanka – dicke Eintopfsuppe aus Fisch oder Fleisch, Pilzen, Gemüse, Salzgurken, Kapern, Kräutern und Smetana
Ucha – eine dünne, aber köstliche Suppe aus drei oder mehr Fischsorten mit ein wenig Kartoffeln. Damit bewirtete schon Fürst Dolgoruki seine Gäste
Wareniki – stammen eher aus der Ukraine. Maultaschen mit meist süßer Füllung zum Nachtisch: Kirschen, Quark oder Kürbis. Mit Smetana
Wobla – nicht jedermanns Sache, aber urrussisch: luftgetrockneter Fisch, der am Tisch gesäubert, zerlegt und zum Bier geknabbert wird. Russische Chips. Ohne Smetana!

den spektakulären „Meeresfrüchte-Turm". Aber auch der Cheeseburger schmeckt hier gut und keinesfalls nach Massenware. Als kleiner Verdauungsspaziergang bietet sich im Anschluss eine Runde um die nahen *Patriarchenteiche* an. *Mo–Fr 12–24, Sa/So 10–24 Uhr | Spiridonewski Pereulok 12/9 | Tel. 903 755 03 43 | Metro 2, 7 Twerskaja, Puschkinskaja*

SCHINOK (U B3) *(🕮 A9)*
In dem ukrainischen Restaurant gibt es landestypische Leckereien wie Borschtsch und rosaroter Speck. Goldfasane und ein

Pfau schauen den Gästen durch dicke Glasscheiben beim Essen zu. Nachmittags mit Kinderbetreuung. *Tgl. 24 Std. | Uliza 1905 Goda 2a | Tel. 495 6 518101 | www.shinok.ru | Metro 7 Uliza 1905 goda*

SEMIFREDDO (138 C4) (*D13*)
Hell und schlicht im Design, dazu bringt Chefkoch Nino Graziano edel präsentierte italienische Gerichte auf den Tisch. *Tgl. 12–24 Uhr | Uliza Timura Frunze 11/55 | Tel. 495 1815555 | www.semifreddo-group.com | Metro 5 Park Kultury*

SKANDINAVIA (137 D4) (*F8*)
Ein beliebter Treffpunkt in einem idyllischen Hinterhof am Puschkin-Platz: europäische Küche mit leicht skandinavischem Einschlag, besonders der Blick auf die Dessertkarte lohnt sich. Im Sommer wird auch im Garten serviert. *Tgl. 12–24 Uhr | Maly Palaschewski Pereulok 7 | Tel. 495 9375630 | www.scandinavia.ru | Metro 2, 7 Twerskaja, Puschkinskaja*

SKY LOUNGE (U C4) (*C18*)
Wem die Sky Lounge nicht zu teuer ist, der blickt aus dem 22. Stockwerk der Wissenschaftsakademie auf die Stadt herab. Terrassen in alle vier Himmelsrichtungen, auf dem Speiseplan stehen European Fusion und asiatische Phantasien. *Tgl. ab 13 Uhr | Leninski Prospekt 32a | Tel. 495 7815775 | www.skylounge.ru | Metro 6 Leninski Prospekt*

UILLIAM'S (137 D5) (*E9*)
An lauen Sommertagen öffnet das Uilliam's seine großen Türen. Das hippe Publikum genießt die internationale Küche dann auf den Stufen oder dem Gehsteig. Besonders zu empfehlen sind die Spaghetti mit Shrimps. Deren und alle anderen Zubereitungen kann jeder Gast in der offenen Küche verfolgen. *Tgl. ab 10.30 Uhr | Malaja Bronnaja 20a | Tel. 925 2 06 90 46 | www.uilliams.ru | Metro 2, 7 Majakowskaja, Puschkinskaja*

VILLAGE KITCHEN (137 D5) (*E9*)
Das Restaurant nahe dem Patriarchenteich besticht durch einen freundlichen Service und die Produkte aus biologischem Anbau. Zwischen Kräutertöpfen und schlichtem, weißem Mobiliar schmeckt die russische Küche ganz ausgezeichnet. Zu empfehlen sind die Ravioli mit Kartoffel-Trüffel-Füllung. *Tgl. 10–24 Uhr | Malaja Bronnaja | Tel. 495 6 95 95 25 | villagekitchen.ru | Metro 2, 7 Majakowskaja, Puschkinskaja*

WHITE RABBIT (140 B2) (*D11*)
Das Moskauer In-Lokal. Hier treffen sich die Schönen und Reichen der Weltmetropole. Auch die internationale Küche kann sich sehen lassen. Unter dem Kuppeldach im 16. Stock kann man auch über die hohen Cocktailpreise hinwegsehen. *So–Mi 12 bis der letzte Gast geht, Do–Sa 12–2 Uhr | Smolenskaja Ploschad 3 | Tel. 495 7 82 62 62 | www.whiterabbitmoscow.ru | Metro 4 Smolenskaja*

RESTAURANTS €€

BOSCO CAFÉ ★ (135 D3) (*G10*)
Im GUM, mit Blick auf den Roten Platz, direkt gegenüber dem Lenin-Mausoleum, wird bester italienischer Wein zu Pasta und leckerer Kuchen zum Kaffee gereicht. Besonderes Highlight: die Sommerterrasse zum Draußensitzen. *Tgl. 9–24 Uhr | Krasnaja Ploschad 3 | Tel. 495 6 20 31 82 | short.travel/mos9 | Metro 1, 2 Ochotnyj Rjad, Teatralnaja*

INSIDER TIPP **CHESTNAJA KUCHNIA** (139 D4) (*L8*)
Ein demokratisches Restaurant für erfolgreiche Leute: So nennt Chefkoch Sergej

Eroschenko sein Restaurant. In der „Ehrlichen Küche" steht er selbst hinter dem Herd, was selten ist in Moskau. Deshalb zeigt sich hier die russische Gastfreundschaft auch in einer besonderen Art und Weise. Leckere heimische Küche. *Tgl. 12–24 Uhr | Uliza Sadovaja-Chernogriazskaja 10 | Tel. 495 6 07 50 90 | www.chestnayakuhnya.ru | Metro 1 Krasnye Vorota*

DISSIDENT (135 E2) (*🕮 H9*)
Mit Blick auf die Geheimdienstzentrale gibt's das reichhaltigste Angebot an italienischem und französischem Käse, Pasteten und Weinen. *Tgl. 11–24 Uhr | Lubjanskaja Ploschad | Einkaufszentrum „Nautilus", 5. Stock | Tel. 495 5 00 27 67 | www.dissident.msk.ru | Metro 1 Lubjanka*

INSIDER TIPP GLAWPIWTORG
(138 A5) (*🕮 H9*)
Wie zu Zeiten der Planwirtschaft: Empiremöbel, rote Läufer, Flaggen und Aktenschränke an der Wand. Gute europäische Küche, aber auch traditionell Sowjetisches. *Tgl. 12–24 Uhr | Uliza Bolschaja Lubjanka 5 | Tel. 495 6 28 25 91 | www.glavpivtorg.ru | Metro 1 Lubjanka*

INSIDER TIPP PETROWITSCH
(138 B5) (*🕮 J9*)
Es sollte ein Club der Freunde des Karikaturisten Petrowitsch sein, wuchs aber schnell darüber hinaus. Voller Werke des Meisters alias Andrej Bilscho. Das Essen ist europäisch bis russisch, die Preise liegen im Normalbereich – bloß die Bedienung ist russisch-langsam. *Tgl. 14–5 Uhr | Uliza Mjasnitskaja 24/3 | Tel. 495 6 23 00 82 | www.club-petrovich.ru | Metro 1 Tschistyje Prudy*

PINZERIA (141 D3) (*🕮 F12*)
Pizza ist rund und man bekommt sie überall, die eckige „Pinza" ist dagegen eine Spezialität von Chefkoch Valentino Bontempi. Üppig belegt in aromatischen Kombinationen wie Zucchini, Lachs und Sesam, Calamari mit Artischocken und Ziegenkäse oder Speck mit Trüffeln wird sie serviert – und schmeckt selbst in Zeiten von Sanktionen original italienisch. Zum Nachtisch ein wenig Spektakel? Lassen Sie sich das Mango-Möhren-Sorbet (ab zwei Portionen) direkt am Tisch zubereiten – mit viel Muskelkraft und *special effects* dank flüssigem Stickstoff. *Tgl. 12 – 23 Uhr | Bolschoi Znamenskij Pereulok 2/3 | Tel. 499 6 78 30 09 | www.pinzeria.ru | Metro 1 Kropotkinskaja*

PJATY OKEAN (143 D4) (*🕮 L13*)
Ein Bierlokal höchster Güte mit gehobener Küche. Gebraut wird unterm selben Dach. Klaviermusik und Gesang runden das Ambiente des Abends ab. *So–Do 11–24 Uhr, Fr–Sa 11–06 Uhr | Uliza Marksistskaja 20 | Tel. 495 9 12 96 17 | www.fifth-ocean.ru | Metro 8 Marksistskaja*

STARY FAJETON (136 C6) (*🕮 D9*)
Das größte traditionelle armenische Restaurant Moskaus. Kaukasische Küche und Weine genießen Sie im Sommer unter alten Bäumen im grünen Innenhof mit Blick auf ein Stalin-Hochhaus. *Tgl. 10–1 Uhr | Uliza Bolschaja Nikitskaja 55 | Tel. 495 6 91 62 52 | restoran-staryifaeton.ru | Metro 7 Barrikadnaja*

URJUK (U B3) (*🕮 0*)
Usbekische Restaurantkette in bunt-traditionellem Dekor. Wer sich an den Reis-Hammel-Eintopf *Plow* nicht herantraut, der findet hier auch Fisch vom Grill und würzige *Manti*, meist mit Hackfleisch gefüllte Teigtaschen. *Tgl. ab 12 Uhr | Kutusowski Prospekt 12 | Tel. 985 4 10 00 86 | uryuk.me | Metro 3, 4, 5 Kiewskaja | weitere Filialen auf der Website*

RESTAURANTS €

CHATSCHAPURI (136 B5) (🕮 F8)
Das Chatschapuri hat Moskau im Sturm erobert. Das Erfolgsrezept der kleinen Kette ist die bodenständige georgische Küche. Würziges Schaschlik, pikante Khinkali – leckere Teigtaschen, mit Pilzen, Fleisch oder Kartoffeln und Käse gefüllt – und selbstverständlich schmackhafte Chatschapuri machen den Besuch in diesen Moskauer Restaurants zu einem kulinarischen Erlebnis. *Mo–Fr 10–1, Sa/So 11–1 Uhr | Bolschoi Gnezdnikowski 10 | Tel. 985 7 64 31 18 | hacha.ru/en | Metro 2, 7 Twerskaja, Puschkinskaja | weitere Filialen auf der Website*

EAT & TALK (143 B4) (🕮 F11)
Es soll wirklich Gäste geben, die tagelang in diesem Kellerlabyrinth am Kreml sitzen und per WLAN mit der Welt verbunden bleiben, während sie Pizza und Sushi genießen oder sich zwischendurch die Verkaufsausstellung mit zeitgenössischen Exponaten anschauen. *Tgl. 24 Std. | Uliza Mochowaja 7 | T… eattalk.ru | Met… sandrowski Sa…*

ENTHUSIAST
An Luxusboutiquen vorbei führt der Weg durch einen Hinterhof zu dieser entspannten Kneipe mit eigenem Biergarten. Kleine Sandwichkarte, große Auswahl an Bier und Cider in einem Dekor aus Motorrad- und Fahrradzubehör. *Mo 6–24 Uhr, Di–So 12–24 Uhr | Stoleschnikow Pereulok 7/5 | facebook.com/enthusiastmoscow | Metro 2, 7 Twerskaja, Puschkinskaja*

JAGANNATH (138 A5) (🕮 H9)
Die beste Adresse für Vegetarier in der Stadt. Dem Restaurant ist ein großer Laden mit vegetarischen und asiatischen Lebensmitteln angeschlossen. Zudem gibt es eine Bar mit Ethnodrinks und Säften, die nach mittelalterlichen Rezepten hergestellt werden. Für Sparfüchse: Beim Business Lunch gibt es eine Mahlzeit schon ab 200 Rubel. *Tgl. 10–23 Uhr | Uliza Kusnezki Most 11 | Tel. 495*

Kunterbunt, wie es sich für das Clublokal eines Karikaturisten gehört: Petrowitsch

Keine russische Traditionsküche ohne den Buchweizenbrei *Gretschka* – müssen Sie probieren!

6 28 35 80 | www.jagannath.ru | Metro 7 Kusnezki Most

LJUDI KAK LJUDI (142 B1) *(🕮 J10)*
Hier ist man Mensch, hier darf man's sein. Vor allem junge Moskauer schätzen im „Mensch bleibt Mensch" das sehr gute und sehr kostengünstige Essen (Mittagstisch mit Suppe, Salat und Sandwich für 240 Rubel) und die kleinen Speisen, die zu den Cocktails gereicht werden. *Mo–Do, So 8–23 Uhr, Fr/Sa 8–6 Uhr | Soljanski Tupik 1/4 | Tel. 495 6 21 12 01 | www.ludikakludi.com | Metro 6, 7 Kitaigorod*

MARI VANNA (136 C5) *(🕮 E9)*
Ein Stück russischer Heimat: Der Gastraum sieht aus wie ein gemütliches, sowjetisches Wohnzimmer aus den 1960er-Jahren – mit Büchern und einem Kanarienvogel im Käfig. Auf der Speisekarte stehen Pelmeni und Piroggen. *Tgl. 9–24 Uhr | Spiridonewski Pereulok 10a | Tel. 495 6 50 65 00 | www.marivanna.ru | Metro 2 Twerskaja*

INSIDER TIPP **METRO DINER**
(135 D3) *(🕮 L12)*
Eine echte Metro-Rolltreppe führt hinunter in das Lokal, das selbst natürlich auch stilecht wie ein Waggon gestaltet ist. Auf der Karte stehen Burger und Salate. *Mo–Mi 12–22, Do–So 12–23 Uhr | Uliza Werchnaja Radischewskaja 2/1 | Tel. 495 9 66 15 56 | www.metrostation.ru | Metro 5, 7 Taganskaja*

MU-MU (138 A5) *(🕮 H9)*
Schnell und gut auf der Basis traditioneller russischer Küche zubereitet – das ist Mu-Mu. Inzwischen existieren zig Filialen mit dem typischen Kuhdekor. Selbstbedienungsrestaurant. *Tgl. 8–23 Uhr | Uliza Mjasnizkaja 12 | cafemumu.ru | Metro 1 Lubjanka | weitere Filialen auf der Website*

ODESSA MAMA (138 B5) *(🕮 J9)*
Im 19. Jh. war Odessa ein Zentrum jüdischen Lebens. Das hat die Küche dort bis heute geprägt: Auberginenröllchen und *Gefillte Fisch*, Hühnerherzen und kalte Kefir-Gurken-Suppe teilen sich den Platz auf der Speisekarte. *So–Do 12–23, Fr/Sa 12–2 Uhr | Krivokolennyj Pereulok 10/5 | Tel. 964 6 47 11 10 | www.cafeodessa.ru | Metro 1, 6, 7, 9 Tschistyje Prudy, Turgenewskaja, Puschkinskaja, Trubnaja | weitere Filialen auf der Website*

RIS I RYBA (141 F3) (*G12*)
Dieses japanische Lokal befindet sich neben dem berühmten Haus an der Moskwa. Suchen Sie sich bei Kremlblick eines von insgesamt 55 Gerichten von einem Laufband aus. *Tgl. 24 Std. | Uliza Serafimowitscha 2 | Tel. 495 9594949 | www.risiriba.ru | Metro 9 Borowitskaja*

SPEZBUFFET NR. 7 (141 F3) (*G2*)
Im ehemaligen Speisesaal des Hauses an der Moskwa wird im „Sonderbuffet Nr. 7" sowjetische Atmosphäre gepflegt. Dazu passend gibt es Schweinekotelett „Schlagt die Bourgeoisie" und Rindersteak „Weißgardist". *Tgl. 12–24 Uhr | Uliza Serafimowitscha 2 | Tel. 495 9593135 | www.specbufet.ru | Metro 9 Borowitskaja*

STOLLE (136–137 C–D4) (*E8*)
Das Interieur der Stolle erinnert an ein Wiener Kaffeehaus, doch ein Blick auf die Karte lässt überhaupt keinen Zweifel daran, dass es russischer kaum geht. Die Spezialität dieser Kette sind schmackhafte süße und herzhafte Piroggen. Außerdem werden Borschtsch und Pelmeni serviert. *Tgl. 8–22 Uhr | Uliza Bolschaja Sadowaja 3 | msk.stolle.ru | Metro 2 Majakowskaja | weitere Filialen auf der Website*

TARAS BULBA ★ (142 A3) (*H12*)
Jedes Restaurant dieser Kette ist wie eine urig-gemütliche ukrainische Dorfgaststube eingerichtet und das Personal serviert die Speisen dazu passend in traditionellen Trachten. Liebhaber der herzhaft-deftigen Küche erhalten hier neben zahlreichen anderen schmackhaften Gerichten auch viele Varianten von Teigtaschen und Speck. *Tgl. 9–2 Uhr | Uliza Pjatnitskaja 14 | Tel. 495 9537153 | www.tarasbulba.ru | Metro 2 Nowokusnetskaja | weitere Filialen auf der Website*

TSCHORNAJA KOSCHKA
(138 B5) (*H9*)
Neben dem KGB-Hauptquartier liegt die „Schwarze Katze", benannt nach einer Unterweltbande der Stalinzeit aus einem Sowjetkultfilm. Die Kellnerinnen tragen Schürzchen und Häubchen, die Speisekarte gestaltet sich entsprechend mit vielen traditionellen Gerichten. Wodka gibt es in schweren Kristallgläsern. *Mo–Sa 12–23 Uhr | Malaja Lubjanka 16 | Tel. 495 6287726 | www.traktirlubyanka.ru | Metro 1 Lubjanka*

LOW BUDG€T

Russischer geht's nicht: In den fröhlich-bunten *Teremok*-Lokalen, z. B. *im Einkaufszentrum Ochotnyj Rjad* **(134 C3)** **(*E10*)** *(tgl. 9–22 Uhr | Metro 1 Ochotnyj Rjad)*, gibt es Pfannkuchen von Papptellern und den traditionellen Buchweizenbrei *Gretschka*. Filialen unter *www.teremok.ru*

Wo viele Moskauer sind, da stehen oft die Imbissbüdchen von *Kroschka Kartoschka*, die beste Ofenkartoffeln mit Kräuterquark bieten. Satt ab 100 Rubel ist das Motto: z. B. *Ploschad Mjasnizkie Worota 1* **(138 B5)** **(*J9*)** *(Metro 1, 6 Tschistyje Prudy, Turgenewskaja | Filialen unter kartoshka.com)*.

Halbrunde Teigtaschen, herzhaft gefüllt und ausgebacken – mit einem *Tscheburek* im Magen hat man genug Energie fürs Sightseeing. Klar, dass die kleine *Tschebureknaja*-Kette wächst: z. B. *Bolschaja Bronnaja Uliza 27/4* **(137 D5)** **(*F8*)** *(tgl. 8–23 Uhr | Metro 2 Twerskaja | Filialen unter www.chebureky.ru)*.

EINKAUFEN

> **CITY WOHIN ZUERST?**
> **GUM (135 D3–4) *(G–H10):***
> Los geht es im *GUM* am Roten Platz, einer modernisierten Jugendstil-Shopping-Mall. Tauchen Sie dann in den Trubel des Einkaufstempels Ochotnyj Rjad unterm Manegenplatz ein. Schlendern Sie weiter an den Boutiquen der Twerskaja-Straße entlang. Wollen Sie viel Geld ausgeben, so biegen Sie in Richtung Stoleschny-Gasse und Petrowski-Passage ab. Falls nicht, fahren Sie zu den Ateliers junger Designer im Zentrum Winsawod und zu Art-Strelka oder zum Souvenirtrödelmarkt von Ismailowo.

Die Moskauer mögen's schick und viele haben auch das nötige Kleingeld dafür. Infolgedessen bieten die glitzernden und schillernden Edelboutiquen entlang der Twerskaja, die Geschäfte im berühmten Kaufhaus GUM oder auch die eleganten Einkaufspassagen in der Innenstadt nur das Teuerste vom Teuersten an. Preise auf Schnäppchenniveau sind hier verpönt.

Gleich in der Nähe deckt sich das nichtneureiche Moskau ein. In fast jeder Fußgängerunterführung des Zentrums ist ein quirliger Markt zu finden: Die Stände entlang der Wände aufgereiht, bieten Trödler nahezu alles an – von der Haarspange über Zigaretten bis hin zu Raubkopien und kitschigen Souvenirs. Außerhalb der City haben sich an den wichtigsten Me-

Bild: GUM

Moskau ist ein guter Ort fürs Luxusshopping. Doch auch mit kleinem Budget lohnt sich eine Einkaufstour in Malls, Läden und auf Märkten

trostationen riesige Einkaufszentren und Megamärkte angesiedelt. Kostengünstiger erhalten Sie die neuesten Elektronikartikel und modischen Klamotten allerdings auf den Trödelmärkten der Vorstädte. Im Getümmel gilt es vor allem, die Orientierung zu behalten. Bequemer shoppen Sie im GUM, in der Petrowski-Passage, auf der Twerskaja oder der Fußgängerzone Arbat, die die größte Auswahl an Standardsouvenirs hat: Matroschkas, Samoware und T-Shirts mit CCCP-Aufdruck. Originellere Mitbringsel finden Sie am Moskwa-Ufer neben dem Zentralen Haus des Künstlers und auf dem Floh- und Kunsthandwerksmarkt von Ismailowo. Auf den Märkten können Sie handeln. Bezahlt wird in Rubel, oft aber auch mit Geld- und Kreditkarte.

ANTIQUITÄTEN

Antiquitäten dürfen Sie aus Russland nur mit einer Genehmigung des Kulturministeriums *(Kitaigorodski Proesd 7/2 | Metro 6, 7 Kitaigorod)* ausführen.

Jelissejew: Und wenn Sie nur ein Scheibchen Wurst erstehen, diese Pracht müssen Sie sehen!

ANTIKWAR NA MJASNIZKOI (138 B5) (*🕮 J9*)

Das Geschäft existiert bereits seit dem 19. Jh. und führt Bücher, Karten, Drucke, Fotografien sowie Postkarten. *Mo–Fr 11–19, Sa 11–18 Uhr | Uliza Mjasnizkaja 13/3 | www.antiqbook13.ru | Metro 1 Lubjanka, Tschistyje Prudy*

KOLLEKZIA DREWNOSTEJ (141 D2) (*🕮 E11*)

Hier finden Sie Ikonen, Porzellan, Skulpturen und diverse Schmuckstücke. *Mo–Sa 10–19 Uhr, So 11–18 Uhr | Uliza Arbat 36/2 | Metro 3, 4 Arbatskaja*

BÜCHER

DOM KNIGI (141 D1) (*🕮 E10*)

Draußen Sowjetfassade, drinnen russische, englische, deutsche Bücher, dazu CDs und Schreibwaren. Im Dunkeln leuchtet die Fassade in Regenbogenfarben. *Mo–Fr 9–23, Sa/So 10–23 Uhr | Novyi Arbat 8 | Metro 4 Arbatskaja*

FALANSTER (137 E5) (*🕮 F9*)

Bücherberge auch für Promis unter Moskaus Bücherwürmern. *Tgl. 11–20 Uhr | Maly Gnesdnikowski Pereulok 12/27 | www.falanster.su | Metro 2 Twerskaja*

MOSKWA (134 A4) (*🕮 F10*)

Nur einen Steinwurf vom Kreml entfernt liegt der Buchladen Moskwa. Neben einem riesigen Angebot an Büchern (auch deutschen und englischen) sowie CDs kann man dort kostenlos Kinofilme sehen. INSIDER TIPP Es gibt regelmäßig verschiedene Rabattaktionen. *Tgl. 24 Std. | Uliza Vozdvischenka 4/7 | www.moscowbooks.ru | Metro 3 Bibliotheka Imeni Lenina*

CDS & NOTEN

NOTY (137 D5) (*🕮 E9*)

Noten, Musikliteratur, CDs und Instrumente. *Mo–Sa 10–20, So 10–19 Uhr | Twerskoj Bulwar 9 | www.noty-book.ru | Metro 2 Twerskaja*

TRANSILWANIJA (137 F6) (*🕮 G9*)
Der Musikshop liegt im Innenhof des Gebäudes an der Twerskaja Uliza links, suchen Sie nach der Fledermaus mit Kopfhörern. Hinter der Stahltür führt eine Treppe hinab zur großen CD- und DVD-Kollektion. Das Angebot reicht von deutschem Rock bis zu Popsongs koreanischer Girl- und Boygroups, von Punk bis Schlager der 1970er-Jahre. *Tgl. 11–21 Uhr | Twerskaja Uliza 6/1–5 | www.transylvania.ru | Metro 2 Ochotnyj Rjad*

DELIKATESSEN & WEINE

INSIDER TIPP **BOLSCHEWIK**
(136 B1) (*🕮 C5*)
Nicht revolutionär, aber bunt und schnörkelig sind die Torten der Süßwarenfabrik *Bolschewik*. *Mo–Fr 9–20, Sa/So 10–20 Uhr | Leningradski Prospekt 15 | www.torty.ru | Metro 2 Belorusskaja*

DOM MJODA (142 B4) (*🕮 H13*)
Honig in allen Geschmacksrichtungen und Farben bietet das Haus des Honigs. Entlang einer 20 m langen Theke können Sie sich durch das gesamte Sortiment probieren. *Mo–Sa 9–20, So 10–18 Uhr | Uliza Novokuzneckaja 5/10 | www.rumela.ru/house-of-honey | Metro 6 Tretjakowskaja*

GRAND CRU (143 D4) (*🕮 K13*)
Wie Bücher im Regal stehen hier die Flaschen nebeneinander und sorgen für eine ganz besondere Atmosphäre. Zu Wein und Spirituosen gibt es auch die passenden Gläser, um sie genussvoll zu trinken. *Tgl. 10–23 Uhr | Gontscharniy Projesd 8/40 | www.grandcru.ru | Metro 5, 7 Taganskaja*

JELISSEJEW ★ (137 E5) (*🕮 F8*)
Der einstige Hoflieferant des Zaren und der Generalsekretäre ist das schönste Lebensmittelgeschäft im Land. In prächtigem Jugendstilinterieur bekommen Sie Delikatessen, Souvenirs, Weine. *Tgl. 24 Std. | Twerskaja Uliza 14 | www.eliseevskiy.ru | Metro 2, 7, 9 Twerskaja, Puschkinskaja, Tschechowskaja*

MARCO POLO HIGHLIGHTS

★ Jelissejew
Einkaufen wie die Zaren: Hier können Sie die erlesensten Delikatessen in schönstem Jugendstilinterieur genießen → S. 79

★ Ismailowski Vernisage
Gigantischer Kunsthandwerks-, Floh-, Trödel- und Teppichmarkt. Hier bekommen Sie alle nur erdenklichen Souvenirs → S. 80

★ Schaltai-Boltai
Schräger, bunter, hipper ist das Angebot in dem Laden, der auch kreativen Schmuck mit Sowjet-Anspielungen verkauft → S. 80

★ GUM
Quasi *das* Kaufhaus in Moskau unter einer riesigen Glasdachkonstruktion und direkt am Kreml gelegen; hier können Sie alle gängigen Nobelmarken kaufen → S. 81

★ Rischski Rynok
Neben kaukasischem Käse und zahlreichen Gewürzen erhalten Sie auf dem Rigaer Markt auch Honig und Blumen → S. 83

★ Valentin Judaschkin
Schauen Sie sich die elegante Kreationen vom Modezar der Perestroika an → S. 84

INSIDER TIPP KRASNY OKTJABR (ROTER OKTOBER) (136 C6) *(🕮 D10)*
Die älteste Schokoladenfabrik Moskaus betreibt ihr Geschäft gegenüber der Residenz des deutschen Botschafters in einem Viertel mit alten Adelspalästen. Angeboten wird das wohl gefährlichste Sortiment an Diätkillern innerhalb der ganzen Stadt. *Mo–Sa 9–21, So 10–18 Uhr | Uliza Powarskaja 29/36 | www.konfetki.ru | Metro 3, 4, 7 Arbatskaja, Barrikadnaja*

LOW BUDG€T

Im vollgestopften Kellerraum von INSIDER TIPP *Frik Frak* **(144 C4)** ***(🕮 F16)*** *(tgl. 13–20.30 Uhr | Uliza Schabolowka 25/1 | freakfrak.ru | Metro 6 Schabolowskaja)* finden sich von Cocktailkleidern über typisch russische Halstücher bis zu ungewöhnlichem Schmuck Schätzchen aus vergangenen Jahrzehnten.

Wer beim edleren *Mix & Match Vintage* **(138 C6)** ***(🕮 K10)*** *(Chochlowski Pereulok 7–9/2 | Tel. 916 4 96 81 29 | Metro 6, 7 Kitaigorod)* stöbern will, muss einen Termin vereinbaren. Schwerpunkt des Sortiments sind bunt bedruckte Kleider.

Nach einem besonderen Prinzip funktionieren die Läden von *Mega-Hand* **(145 D4)** ***(🕮 0)*** *(Mo–Fr 10–20, Sa/So 10–19 Uhr | Uliza Trofimowa 32/1 | mega-hand.ru | Metro 10 Koschuchowskaja)*: Im Zwei-Wochen-Takt werden die Regale aufgefüllt, ab dann sinken jeden Tag die Preise. Am Vortag der neuen Lieferung gibt es auf alles 90 % Rabatt.

FLOHMARKT

ISMAILOWSKI VERNISAGE ★
(U F2) *(🕮 0)*
Schreckt Sie eine halbe Stunde Metrofahrt nicht ab, ist der Ismailowski-Floh- und Kunsthandwerksmarkt ein lohnendes Ziel. Von der Metrostation aus nicht in Richtung Park, sondern am Hotelkomplex Ismailowski vorbeigehen. Dort gibt es alle nur erdenklichen Souvenirs: Gemälde, Ikonen, Schmuck, Samoware oder Matroschka-Rohlinge zum Selbstbemalen. Liebhaber russischen Kunsthandwerks finden zudem Lackschatullen, Holzspielzeug, Porzellan, Keramik und Handarbeiten. Bei Ausländern werden die Preise oft verdoppelt. Versuchen Sie also zu handeln! Besuchen Sie den Flohmarkt am Wochenende, weil unter der Woche nicht alle Stände geöffnet sind. *Tgl. 9–18 Uhr | Ismailowskoje Schosse 73 | www.moscow-vernisage.com | Metro 3 Partisanskaja*

GESCHENKE & SOUVENIRS

INSIDER TIPP FLACON-DESIGNFABRIK
(U C1) *(🕮 0)*
Für Kunstwerke wie hippe Produkte ist die Flacon-Designfabrik genau der richtige Ort. In der ehemaligen Kristallfabrik „Kalinin" hat sich eine Reihe kleiner, bunter Boutiquen angesiedelt. Das Areal bietet Raum für Design, Mode, Architektur und andere Bereiche der kreativen Wirtschaft. Die 2010 in den USA aufgeflogene russische Spionin INSIDER TIPP *Anna Chapman* verkauft heute hier ihre Kollektion an Kleidern und Handtaschen. *Uliza Bolschaja Novodmitrowskaja 36/4 | www.flacon.ru | Metro 9 Dmitrowskaja*

SCHALTAI-BOLTAI ★ (136 C6) *(🕮 D9)*
Von hippen Kapuzenpullis über Keramikkunst bis hin zu modernen Varianten rus-

sischer Halstücher reicht das Angebot des Ladens mit dem eiförmigen Logo. Einen besonderen Blick lohnen die originellen Schmuckstücke – da wird aus Lenin im Profil plötzlich eine bunte Schmetterlingsbrosche. Die Filiale im Untergeschoss des Einkaufszentrums am Nowinski-Boulevard punktet außerdem mit netter Beratung. *Tgl. 10–22 Uhr | Nowinski Blvd. 31 | shaltai-boltai.ru | Metro 5 Krasnopresnenskaja*

Rot geht immer! Lenin, Sterne, Hammer & Sichel – an Sowjetsouvenirs herrscht kein Mangel

KAUFHÄUSER & PASSAGEN

BRUSOW (141 E4) (*🕮 F13*)
Bummeln und Shoppen auf dem Wasser? Das geht, nahe dem Denkmal für Peter den Großen, auf dem Schiff „Brusow". Maßgefertigte Schuhe, E-Zigaretten, frisch gebrühter Americano, alles an Bord. Besonders lohnt sich der Besuch im Lädchen des St. Petersburger Modelabels *Usta k Ustam*, dessen schlichter, klassischer Stil dafür sorgt, dass man hier gekaufte Kleider mehr als nur eine Saison lang tragen kann. *Tgl. 12–23 Uhr | Muzeon Park/Krimskaja Embankment | brusovship.ru/en | Metro 9 Poljanka*

GUM ★ (135 D3–4) (*🕮 G–H10*)
1893 erbaut und direkt gegenüber dem Kreml gelegen, ist das GUM noch immer das größte und wohl auch schönste russische Kaufhaus. Die drei hellen Passagen erstrecken sich über je 250 m Länge und sind jeweils drei Stockwerke hoch. Das GUM verfügt zudem über eine imposante Glasdach-Konstruktion. Neben den teuren Filialen der Designlabels Dior, Calvin Klein, Max Mara und Co. gibt es auch viele günstige Cafés und einen Schnellimbiss in luftiger Höhe. *Tgl. 10–22 Uhr | Krasnaja Ploschad 3 | www.gum.ru | Metro 1, 2, 3 Ochotnyj Rjad, Teatralnaja, Ploschad Revoluzii*

OCHOTNYJ RJAD ● (134 C3) (*🕮 G10*)
Unter dem Manegenplatz reicht dieses Einkaufszentrum mit 62 000 m² Fläche ganze drei Etagen weit in die Tiefe. Hier finden Sie Edelgeschäfte aller Art, aber auch preiswerte Läden sowie Cafés

mit schönem Ausblick im oberen und Bistros bzw. Schnellimbisse im untersten Geschoss. *Maneschnaja Ploschad | Metro 1, 2, 3 Ochotnyj Rjad, Teatralnaja, Ploschad Revoluzii*

PETROWSKI-PASSAGE (137 F5) (*🕮 G9*)
Hinter dem Bolschoi-Theater gelegen, lässt diese prachtvolle Passage förmlich die alte Zarenzeit wiederaufleben. In einem der teuersten Einkaufsareale Moskaus finden Sie vor allem bekannte Edelmarken wie Jean Paul Gaultier, Max Mara, Alberta Ferretti, Moschino, Bosco Scarpa, Barbara Bui, John Galliano und Marc Jacobs. *Uliza Petrowka 10 | Metro 1, 2 Ochotnyj Rjad, Teatralnaja*

TRETJAKOWSKIJ PROESD
(135 E2) (*🕮 H9*)
An der kürzesten und teuersten Straße Moskaus, einem einstigen Kaufmannshof, residieren nur Nobelboutiquen, die für jeden Anlass etwas Entsprechendes bereithalten. Zum luxuriösen Abendkleid kann hier gleich der passende Sportwagen gekauft werden. Und nach einer anstrengenden Shoppingtour entspannen Sie am besten im ● *Tretjakow Spa (tgl. 11–22 Uhr | Tel. 495 9 33 33 88 | www.tretyakovspa.ru)* bei Gesichts- und Haarpflege, Pediküre oder einer Antistress-Massage in gediegenem Ambiente. *Tretjakowskij Proesd | Metro 1, 2, 7 Lubjanka, Teatralnaja, Kusnezki Most*

ZWETNOI (138 A3) (*🕮 H7*)
Das Zwetnoi (Farben) leuchtet nicht nur nachts in allen möglichen Schattierungen. Das von außen unscheinbare Kaufhaus im Norden der Stadt birgt eine wahre Schatzkiste an schönen, teuren, schicken Accessoires und wunderschönen Geschenkideen. In der siebten Etage befindet sich eine Filiale der Moskauer Edel-Bäckerei *Wolkonski*, im Lebensmittelmarkt ein Stockwerk tiefer finden Sie alle möglichen Delikatessen und leckere Mandelcroissants. *Mo–Sa 10–22, So 11–22 Uhr | Zwetnoi Bulwar 15 | www.tsvetnoy.com | Metro 9 Zwetnoi Bulwar*

KUNST

Haben Sie ein Kunstwerk gekauft, erfragen und besorgen Sie sich vom Verkäufer gleich eine gültige Ausfuhrerlaubnis des Kulturministeriums!

GALERIE GELMAN (143 E1) (*🕮 M10*)
Eine der renommiertesten Galerien Moskaus: Marat Gelman verkauft Gemälde und Grafiken hochkarätiger junger Künstler. *Di–So 12–20 Uhr | 4. Syromjatnitscheskij Pereulok 1/6 | www.guelman.ru | Metro 10 Tschkalowskaja*

GALERIE M'ARS (138 A4) (*🕮 H7*)
Verkaufsausstellung auf zwei Etagen: Hier wird russische und internationale moderne Kunst gezeigt, aber auch Werke der 1970er- und 1980er-Jahre haben ihren Platz: zahlreiche Gemälde, Skulpturen und Multimediainstallationen. *Di–So 12–20 Uhr | Puschkarev Pereulok 5 | www.marsgallery.ru | Metro 6 Sucharewskaja*

RUSSISCHE AKADEMIE DER KÜNSTE (ROSSIISKAJA AKADEMIA CHUDOSCHESTW) (141 C4) (*🕮 D13*)
Verkaufsausstellung mit zeitgenössischer Kunst. *Di–So 11–20 Uhr | Uliza Pretschistenka 21 | www.rah.ru | Metro 1 Kropotkinskaja*

TRIUMPH-GALERIE (135 E4) (*🕮 H10*)
Das Triumph-Team hat schon Damien Hirst nach Moskau geholt. Heute findet man hier z. B. Werke des russischen Kunstkollektivs „Recycle". *Tgl. 11–20 Uhr | Uliza Iljinka 3/8 | www.triumph-gallery.ru | Metro 3 Ploschad Revolutsii*

MÄRKTE

Sie sind überwältigend in ihrer bunten Vielfalt, die Moskauer Lebensmittelmärkte mit ihrem interessanten multikulturellen Völkergemisch aus allen Regionen Russlands. Hier gibt es einfach alles, was das Herz begehrt: ob Obst und Gemüse, Gewürze aus Mittelasien, Wolgastöre und Kaviar, frische Flusskrebse, Pilze, Honigwaben oder eingelegten Bärlauch.

DANILOW MARKT (DANILOWSKIJ RYNOK) (U C4) (🕮 G18)

Das Marktgebäude aus Glas und Beton wirkt wie ein riesiges Ufo aus der Sowjetzeit und befindet sich schräg gegenüber dem Danilow-Kloster. *Uliza Mytnaja 74 | www.danrinok.ru | Metro 9 Tulskaja*

RIGAER MARKT (RISCHSKI RYNOK) ★ (U D1) (🕮 J3)

Der größte und reichhaltigste der Moskauer Lebensmittelmärkte findet im Norden der Metropole statt. In der riesigen Markthalle gibt es Fisch, Fleisch und Wurstwaren satt; bemerkenswert sind vor allem auch die Gewürzstände, der Imkerhonig und die verschiedenen Käsesorten aus dem Kaukasus. Zudem ist dies der größte Blumenmarkt der Stadt. Der Veranstaltungsort liegt etwas versteckt hinter einem Einkaufszentrum. *Prospekt Mira 88 | Metro 6 Rischskaja*

MODE

DASHA GAUSER (U B3) (🕮 0)

Der Stil der jungen Moskauer Designerin ist betont weiblich und wirkt äußerst sinnlich. *Tgl. 10–22 Uhr | Presnenskaja Nabereschnaja 2 | im Einkaufszentrum Afimall | www.dashagauser.com | Metro 4 Wystawotschnaja*

GLANCE (142 A3) (🕮 H12)

Das halbe Dutzend kleiner Boutiquen der Designerkette bietet keine Haute Couture, aber preisgünstige individuelle Mode von hoher Qualität. Von jungen russischen Modedesignern entworfen und in kleinen Serien geschneidert. *Mo–Fr 10–22, Sa/So 10–21 Uhr | Uliza Pjatnits-*

Das echte Moskau trifft sich von früh bis spät auf seinen bunt gemixten Gemüsemärkten

Im Luxussegment von Dolce & Co. steht Moskau den Einkaufsmetropolen der Welt in nichts nach

kaja 10/1 | www.glance.ru | Metro 2 Nowokusnezkaja

MASCHA TSIGAL (144 C3) *(▯ 0)*
Eine der bekanntesten jungen Modedesignerinnen Moskaus hat Avantgardeanspruch. Mascha Tsigal arbeitet mit Samt, Seide und Trikotagestoffen, mit Stickereien und Applikationen. Die Stilzitate ihrer Kollektionen reichen von Hippie bis Hip-Hop. *Mo–Fr 10–19 Uhr, am Wochenende nach Absprache | Nowodmitrowskaja Uliza 5a | Tel. 965 2 95 77 22 | www.mashatsigal.com | Metro 9 Dmitrowskaja*

TOM KLAIM (139 E2) *(▯ L6)*
Eigentlich heißt er Anatoli Klimin und war nach Slawa Saizew und Valentin Judaschkin einer der ersten Moskauer Modedesigner, der den Sprung auf den Weltmarkt schaffte. Seine Stücke wirken jung und sind erschwinglich geblieben. *Tgl. 9–22 Uhr | Komsomolskaja Ploschad 6 | im Univermag „Moskowski" 1 | www.tomklaim.com | Metro 5 Komsomolskaja*

VALENTIN JUDASCHKIN ★
(137 E6) *(▯ F9)*
Unter dem erfolgreichen Label *Judaschkin* werden mittlerweile auch Schmuck und Parfüm verkauft. Judaschkin ist seit Jahren mit seinen exzentrischen Kreationen auf internationalen Modeshows vertreten. *Besuch nach telefonischer Absprache | Wosnessenski Pereulok 6/3 | Tel. 495 6 92 29 93 | www.yudashkin.com | Metro 3 Arbatskaja*

PORZELLAN & GLAS

DOM FARFORA (140 A3) *(▯ B12)*
Direkt am Kiewer Bahnhof bietet das „Haus der Porzellans" Geschirr, Deko-Artikel und Glaswaren westlicher und östlicher Manufakturen. *Mo–Do, So 10–22, Fr/Sa 10–23 Uhr | im Einkaufszentrum Jewropejski | Metro 3, 4, 5 Kiewskaja | weitere Filialen unter www.domfarfora.ru*

IMPERATORSKIJ FARFOR
(U B3) *(▯ B11)*
Die ehemalige kaiserliche Porzellanmanufaktur St. Petersburg verkauft in ih-

rem Moskauer Geschäft nicht nur teures Porzellangeschirr, sondern auch Geschenktassen und Figürchen. *Tgl. 10–22 Uhr | Kutusowski Prospekt 9 | Metro 3, 4, 5 Kiewskaja*

SCHMUCK

ADAMAS (137 D3) (*🕮 E7*)
Der Laden der gleichnamigen Schmuckfabrik hat eine große Auswahl an Gold- und Silberschmuck. Die einzelnen Stücke kosten ab 1000 Rubel aufwärts. *Mo–Sa 11–22, So 11–21 Uhr | 1. Twerskaja-Jamskaja Uliza 2 | www.adamas.ru | Metro 2 Majakowskaja*

ALTYN (141 D2) (*🕮 E11*)
Günstig kaufen Sie in diesen Schmuck-Supermärkten. Gold aus Kirgisien, Silber und Halbedelsteine aus Kasachstan und Russland. *Uliza Arbat 23 | www.altyngold.ru | Metro 3, 4 Arbatskaja*

SCHUHE & ACCESSOIRES

TJ COLLECTION (137 E5) (*🕮 F8*)
Die Boutique ist wegen ihrer Damen- und Herrenschuhkollektion beliebt, die elegant, originell und bequem ist. *Tgl. 10–22 Uhr | Twerskaja Uliza 12 | Metro 2, 7, 9 Twerskaja, Puschkinskaja, Tschechowskaja*

RENDEZ-VOUS (137 E5) (*🕮 F9*)
Teure, edle Schuhboutique, in der europäische Damen- und Herrenschuhe bekannter Marken verkauft werden. Zudem können Sie hier vielerlei passende Accessoires erwerben. *Tgl. 10–24 Uhr | Twerskaja Uliza 15 | Metro 2, 7, 9 Twerskaja, Puschkinskaja, Tschechowskaja*

BÜCHER & FILME

Wächter der Nacht – Der gespenstische Kampf zwischen Vampiren und den Kräften des Lichts vor der Großstadtkulisse zertrümmerter menschlicher Beziehungen war 2004 ein Blockbuster. Regie führte Timur Bekmambetow

Metro 2033 – Nach einem Atomkrieg haben im Moskau der Zukunft Menschen Zuflucht in der Metro gefunden. Aus der Prämisse des ursprünglichen Bandes von Dmitry Glukhovsky ist inzwischen eine Buchreihe samt eigenem Videospiel entstanden

Krieg und Frieden – Der Roman Leo Tolstois und auch dessen vierteilige Verfilmung von 2007 für das ZDF (Regie: Robert Dornhelm) stellen das aristokratische Moskau in der Zeit Napoleons sehr treffend dar

Der Tote im Salonwagen – Boris Akunins Detektiv Fandorin geht im Moskau um 1900 auf Mörderjagd und gerät bei der Suche nach den Hintermännern eines Attentats zwischen die Fronten von revolutionärem Terror und gewissenlosen Bürokraten

Leviathan – Regisseur Andrei Swjaginzew thematisiert die in Russland allzu präsente Korruption. Die Story um den Kfz-Mechaniker Nikolai, der sich mit dem mächtigen Bürgermeister anlegt, entstand in Anlehnung an das biblische Buch Hiob. Als bester fremdsprachiger Film war „Leviathan" 2015 für einen Oscar nominiert

AM ABEND

WOHIN ZUERST?
Bolschoi-Theater (137 F5) ***(🕮 G9):*** Nach einem Ballettabend im Bolschoi-Theater können Sie in den umliegenden Cafés und Clubs bei einem Cocktail richtig in Stimmung kommen, bevor Sie sich in das Moskauer Nachtleben stürzen. Wenn Sie lieber tanzen wollen, besuchen Sie die Szene-Disko Propaganda oder feiern unter Palmen im angesagten Gipsy. In der Rolling Stone Bar begegnen Ihnen schöne Frauen auf High Heels und reiche Männer, der Alkohol fließt in Strömen und man feiert Partys mit Panoramablick.

Zum Ende der Sowjetära gab es in Moskau für 9 Mio. Menschen 120 Theater und 190 Restaurants, aber nicht eine einzige Disko außer den Tanzflächen in verstaubten Inturist-Hotels. Heute hat Russlands Hauptstadt in puncto Nachtleben eine Spitzenposition in Europa inne. Die Moskauer leben ihren Nachholbedarf aus – und nehmen ihre Gäste mit.

Inzwischen ist allein das pulsierende Nachtleben für manche Touristen der Hauptgrund, Moskau zu besuchen. Es gibt ständig neue Clubs und Diskotheken zu entdecken. Doch die russische Metropole ist mit ihren vielen Konzerthäusern, Opern, Ballettbühnen und Theatern natürlich auch ein Ort der klassischen Hochkultur geblieben. So können Sie den Abend klassisch mit einer

Bild: Bolschoi-Theater

Musik- und Ballettfans kommen hier kaum zur Ruhe. Nachtschwärmer schon gar nicht – Moskaus Clubszene sucht ihresgleichen

Ballettvorführung des Bolschoi-Ensembles oder einem Tschaikowski-Konzert beginnen und dann im durchgestylten Designrestaurant speisen oder auf ein Bier und Livemusik in einen Jazzclub gehen – wenn Sie noch Platz finden. Sie haben aber auch die Möglichkeit, in einem der vielen Cafés einzukehren, bis der Diskobetrieb richtig auf Touren kommt. Und nach dem Tanzen findet sich dann ganz sicher noch eine Kellerkneipe, in der der Gesprächsstoff und die Getränke bis zum Morgengrauen reichen.

BALLETT & OPER

INSIDER TIPP BALLETT MOSKWA
(139 E3) (*L7*)
Seit seiner Gründung 1989 hat es sich das Ballett Moskwa zur Aufgabe gemacht, junge Tänzer und Nachwuchs-Choreographen bekannter zu machen. Der Fokus liegt dabei klar auf zeitgenössischem Tanz. Die Aufführungen sind meist kürzer als klassische Ballettabende, verlangen dem Ensemble aber einiges ab, bis an die Grenzen zu Athletik und Akroba-

tik. Das musikalische Spektrum reicht von Wagner und Strawinsky bis hin zu Techno und Klangcollagen. Die Aufführungen finden auf wechselnden kleinen Bühnen in Moskau statt, mal in plüschigem Ambiente, mal in strengem sowjetischen Konstruktivismus. Besonders sehenswert: das preisgekrönte Stück „Café Idiot", mit Anleihen bei Dostojewski und der Wuppertaler Choreografin Pina Bausch. *Kartenverkauf Mo–Fr 11–18 Uhr | Karten ab 600 Rubel | Novorjasanskaja Uliza 16 | Tel. 495 4956070129 | baletmoskva.ru | Metro 1, 5 Komsomolskaja*

BOLSCHOI-THEATER ★ ●

(134 127 C–D1) (*🕮 G9*)

Das „Bolschoi" ist weltweit Inbegriff russischer Kultur. Hier kommen sowohl klassisches Ballet und Oper als auch bisweilen umstrittene Experimental-Inszenierungen auf die Bühne. Die eindrucksvollsten Ballettaufführungen sind der „Nussknacker" und „Schwanensee", „Spartak" und „Romeo und Julia". Beliebt ist auch Sergej Prokofjews Oper „Die Liebe zu den drei Orangen" in einer Inszenierung von Peter Ustinow. Das Bolschoi brannte schon 1853 ganz nieder, wurde aber schnell in alter Pracht wiederhergestellt. 2005 war schließlich eine gründliche Renovierung unausweichlich nötig, erst 2011 wurde das Bolschoi im neuen alten Glanz wiedereröffnet. Die als zeitweiser Ersatz gebaute „Neue Bühne" in direkter Nähe bleibt aber erhalten. Das Haupthaus ist mit modernster Bühnentechnik ausgestattet. Es gibt im Großen Saal, der jetzt 1740 bequeme Sessel hat, Platz für ein Orchester mit 130 Musikern. Das Interieur ist wie im Jahre 1895 gestaltet. In einem neuen, kleineren Saal im Untergeschoss finden Proben oder Konzerte statt. *Kartenverkauf tgl. 12–16 und 18–20 Uhr | Karten ab 2000 Rubel | Teatralnaja Ploschad 1 | Tel. 495 4555555 | www.bolshoi.ru | Metro 2 Teatralnaja*

NOWAJA OPERA (NEUE OPER)

(137 E3) (*🕮 F7*)

Moskaus jüngstes Opernhaus – im Neo-Jugendstil gebaut und mit einem der besten Ensembles gesegnet. Das Repertoire umfasst Klassik wie Moderne. Zudem will man Opern des 21. Jhs. bekann-

Manche sagen, besser als das Bolschoi: das Stanislawski-Musiktheater

ter machen. *Kartenverkauf tgl. 11–15 und 15.30–20 Uhr | Karten ab 250 Rubel | Uliza Karetnyj Rjad 3 | Ermitage-Garten | Tel. 495 6 94 08 68 | www.novayaopera.ru | Metro 2, 9 Majakowskaja, Tschechowskaja*

STANISLAWSKI-MUSIKTHEATER ★
(137 E4–5) (*🕮 F–G8*)
Die direkte Konkurrenz des Bolschoi-Theaters bietet sowohl klassisches als auch modernes Ballett, Opern und Operetten auf zwei Bühnen. Laut Kennern soll es in manchen Bereichen sogar besser sein. *Kartenverkauf tgl. 11.30–19 Uhr | Uliza Bolschaja Dmitrowka 17 | Tel. 495 7 23 73 25 | www.stanislavskymusic.ru | Metro 2, 7, 9 Twerskaja, Puschkinskaja, Tschechowskaja*

BARS & LIVEMUSIK

B. B. KING (137 F3) (*🕮 G7*)
In diesem Jazzclub saßen schon Größen wie B. B. King himself, Rod Stewart und Lemmy Kilmister und ließen die Stimmung auf sich wirken. *Konzertbeginn immer 20.30 Uhr | Uliza Sadowaja-Samotjotschnaja 4/2 | www.bbkingclub.ru | Metro 9 Zwetnoi Bulwar*

INSIDER TIPP **KITAISKI LJOTSCHIK DSCHAO-DA** (142 B1) (*🕮 J10*)
Eine auf afrochinesisch gestylte Kneipe mit Livemusik. Ein Flugzeugflügel dient als Bar. Täglich um 18 Uhr gibt es hier eine Teezeremonie – danach beginnt der feuchtfröhliche Teil des Abends. *Tgl. 24 Std. | Lubjanski Proesd 25 | www.jao-da.ru | Metro 6, 7 Kitaigorod*

KLUB MAJAK (137 D6) (*🕮 E9*)
Früher war Majak („Leuchtturm") ein geschlossener Club von Filmschaffenden, Journalisten, Stars und Sternchen. Nun ist er für alle geöffnet, wird aber auch noch von der alten Szene besuc[illegible] Küche, Livemusik. *Tgl. 12–6 Uhr | [illegible] Bolschaja Nikitskaja 19 | www.clubmcyak[illegible] ru | Metro 3, 4 Arbatskaja*

PINCH (137 D5) (*🕮 E8–9*)
Ein gut sortierter Weinkeller und kleine, kreative Auswahl an Cocktails – im Pinch kann man den Moskauer Abend stilvoll ausklingen lassen. Die Bar ist in, reservieren also Pflicht. *Tgl. 7.30–0.30 Uhr | Bolschoi Palaschewski Pereulok 2 | Tel. 495 6 91 99 88 | www.pinch-cafe.ru | Metro 2, 7 Twerskaja, Puschkinskaja*

ROLLING STONE (141 E4) (*🕮 F13*)
Wer die strenge Einlasskontrolle der Bar Rolling Stone überwindet, kann unter 30 Sorten Whisky wählen oder einen Cocktail aus dem 1,5-l-Glas trinken. Die Dachterrasse hat einen grandio-

MARCO POLO HIGHLIGHTS

★ **Bolschoi-Theater**
Ballette und Opern in bewährter Klasse und im schönen Ambiente des neuen Hauses → S. 88

★ **Stanislawski-Musiktheater**
Durchaus eine Konkurrenz für das Bolschoi → S. 89

★ **B2**
Groß, größer, B2: In der gigantischen Diskothek tummeln sich am Wochenende Tausende auf fünf Stockwerken → S. 90

★ **Propaganda**
Szeniger, LGBT-freundlicher Club zum Tanzen → S. 91

★ **Moskauer Konservatorium**
Viele Symphoniekonzerte in toller Akustik → S. 93

…va. Angesagte DJs …m Sonnenaufgang …Uhr | Bolotnaya Na-… 95 5 04 09 32 | Me-…

SIXTY (U B3) *(0)*
Wenn der DJ im Sixty den Lautstärkeregler hochschiebt, muss man sich beeilen: Die anschwellende Musik ist das Signal dafür, dass das Bar-Restaurant im 62. Stock des Föderationsturms nun kurz seine Fenster öffnet. Um diesen Blick ohne Glasscheibe zu genießen, lassen sogar die blasiertesten Gäste ihr Cocktailglas stehen und drängeln sich um einen Platz. *Tgl. ab 12 Uhr | Presnenskaja Nabereschnaja 12 | Moscow City | Tel. 495 6 53 83 69 | Metro 4, 8 Vystavocnaja*

SOJUS KOMPOSITOROW
(137 E5) *(F9)*
Bester Jazzclub der Stadt, meint zumindest das bunt gemischte Publikum aus Politik, Kultur und Wirtschaft. Im „Haus der Komponisten" gibt es auch eine tolle Küche und super Stimmung. Jazzbands und Vokalisten aus den USA und Russland geben sich die Klinke in die Hand. *Tgl. Konzerte um 20.30, samstags auch um 17 Uhr | Eintritt ab 400 Rubel | Brjussow Pereulok 8/10 | Gebäude 2 | Tel. 495 6 29 65 63 | www.ucclub.ru | Metro 1 Ochotnyj Rjad*

LOW BUDG€T

Am günstigsten sind Opern- und Theaterkarten im Vorverkauf. Der Schwarzmarkt vor dem Bolschoi-Theater ist teuer. Ganz frei aber ist der Eintritt bei den tollen Konzerten von Musikhochschulstudenten im Saal der *Gnesin-Musikakademie* **(136 C6)** ***(D10)*** *(Uliza Powarskaja 38/1 | gnesin-academy.ru | Metro 3, 4, 7 Arbatskaja, Barrikadnaja)*.

Kostenlos ist der Eintritt an vielen Abenden zum Kellerclub *Duma* **(141 E1)** ***(G10)*** *(tgl. 12–6 Uhr | Uliza Mochowaja 11 | 3w, im Hinterhof | www.clubduma.ru | Metro 1 Ochotnyj Rjad)* mit Rock, Pop und Disko, WLAN und Hauskino.

Drinnen zu rauchen ist auch in Moskau inzwischen tabu, für Wasserpfeifen gilt das aber nicht. In *Papa's Bar* **(135 E2)** ***(H9)*** *(Uliza Nikolskaja 10 | papas.ru | Metro 1 Lubjanka)* steht sonntags auf jedem Tisch eine Shisha – kostenlos.

DANCECLUBS

B2 ★ (136 C4) *(E8)*
Rammstein, Franz Ferdinand, Nina Hagen und die Dead Kennedys sind alle schon in diesem riesigen Danceclub aufgetreten. Fünf Etagen und eine Sommerterrasse. Bis zu 2000 Gäste tummeln sich hier am Wochenende. *Tgl. ab 12 Uhr | Bolschaja Sadowaja Uliza 8/1 | www.b2club.ru | Metro 2 Majakowskaja*

GIPSY (141 E4) *(F13)*
Es ist wohl nicht übertrieben zu sagen, dass es in ganz Moskau nichts Vergleichbares gibt. Das Gipsy besticht durch eine atemberaubende Dachterrasse, auf der Nachtschwärmer unter Palmen und am Pool in den nächsten Morgen tanzen. Bei den Preisen für Getränke gibt es kein Limit nach oben; dafür trinkt man sie im Ambiente einer jamaikanischen Strandbar. *Bolotnaya Naberezhnaja 3/4 | bargipsy.ru | Metro 1 Kropotkinskaja*

INSIDER TIPP IMAGINE CAFÉ (138 C6) (*K9*)
Das frühere „Krisis Schanra" ist auch unter neuem Namen bei Expats beliebt – so sehr, dass der mittelgroße Laden gerade an Wochenenden oft gerammelt voll ist. Regelmäßig treten Bands auf, das musikalische Spektrum reicht von Fünfzigerjahre-Nostalgie bis in die elektronische Gegenwart. *Fr/Sa 11.30–6, sonst 11.30–5 Uhr | Uliza Pokrowka 16/16 | imaginecafe.moscow | Metro 1 Tschistyje Prudy*

JAGGER (144 C4) (*A–B10*)
Vor allem im Sommer lohnt sich ein Besuch in dem Club mit angeschlossenem Restaurant, denn man feiert von Mai bis Okt. auch unter freiem Himmel. Die Musik ist meist rockig, gerne auch mit Rückgriffen in die Neunziger für ein eher mittelaltes Publikum. *Fr/Sa 14–6, sonst 12–0 Uhr | Rotschdelskala Uliza 15/30 | www.facebook.com/jaggerCity | Metro 5 Krasnopresnenskaja*

LENINGRAD (136 B1) (*C5*)
Café, Club und Karaoke-Bar in einem. Der Hauptsaal ist wie eine Arena aufgebaut, mit zentraler Tanzfläche. Meist legen DJs auf; oft gibt es aber auch Livemusik. *Club Do–Sa 21–6, Restaurant tgl. 12–24 Uhr | Leningradski Prospekt 24a | www.leningrad.name | Metro 2, 5 Belorusskaja*

MIO (141 E–F6) (*G14–15*)
Das Mio ist ein Mix aus Café, Sushi-Bar, Club und Disko. Das Ganze wurde mit minimalistischem, japanisch gestyltem Hightech-Interieur ausgestattet. Die Tanzfläche bietet Platz für 300 Menschen, die dort zu Techno und House tanzen können. *Tgl. 24 Std. | Kaluschskaja Ploschad 1 | www.cafemio.ru | Metro 5, 6 Oktjabrskaja*

PROPAGANDA ★ (
Einer der populärs
dem international a
gen. Das Propagand
wenigen Läden in Moskau, der Schwule und Lesben klar willkommen heißt. Sonntags feiert hier unter dem Motto „Chinatown" Moskaus queere Szene. *Mo 0–4, sonst 0–6 Uhr | Bolschoj Slatoustjinski Pereulok 7 | www.propagandamoscow.com | Metro 6, 7 Kitaigorod*

SOHO ROOMS (140 A5) (*B14*)
Direkt am Ufer der Moskwa, zu den opulenten Räumen zählen auch ein Restaurantbereich und ein Pool. Wer hier feiert, darf weder knapp bei Kasse noch allzu leicht aus der Fassung zu bringen sein: Selbst der konservativ gekleideten

Im Mio können Sie nach dem Essen gleich die Tanzfläche erobern

Wo Moskau = Spartak ist: Seit 2014 hat der einstige Fußballnomade endlich sein eigenes Stadion

Frau kann es hier schon mal passieren, dass sie von einem anderen Gast Geld für Sex angeboten bekommt. *Restaurant/Bar Di–Sa ab 12, Terrasse mit Pool Do–Sa ab 20, Tanzbereich Fr/Sa ab 23 Uhr | Sawinskaja Nabereschnja 12/8 | www.sohorooms.com | Metro 1 Frunzenskaja*

WERMEL (142 A–B2) (*🕮 H11*)
Dieser Laden ist bestes Beispiel für eine schöne Mischung aus Diskothek und Underground-Club. Nur am Sonntag wird hier keine mitreißende Musik gespielt. Stattdessen erfreuen sich die Besucher an alten sowjetischen Filmkomödien. *Mo–Do 12–0, Fr 12–6, Sa 16–6, So 16–0 Uhr | Rauschskaja Naberezhnaja 4 | www.vermel.ru | Metro 2, 6, 8 Nowokusnetskaja, Tretjakowskaja*

KINOS

35MM (139 D5) (*🕮 L8*)
Im 35 mm laufen alle Filme im Original mit Untertiteln. Spezialität des Kinos sind ungewöhnliche, selten gezeigte Filme aus dem Ausland. *Ab 200 Rubel | Uliza Pokrowka 47/24 | www.kino35mm.ru | Metro 1, 5 Kurskaja, Krasnye Vorota*

DOC – ZENTRUM FÜR DOKUMENTARFILM (140 C4) (*🕮 E13*)
Dieses Kino hat es sich zur Aufgabe gemacht, Dokumentarfilmen ein größeres Publikum zu verschaffen. Das Spektrum reicht von Musik-Dokus bis hin zu Live-Mitschnitten britischer Theateraufführungen. Kleine Lounge mit gutem WLAN. *Ab 300 Rubel | Subowskij Bulwar 2 | www.cdkino.ru | Metro 1, 5 Park Kultury*

PIONIER (U B3) (*🕮 A11*)
Eins der schönsten Moskauer Programmkinos. Hier werden Filme im Original mit Untertiteln gezeigt. *Ab 100 Rubel | Kutuzowski Prospekt 21 | www.pioner-cinema.ru | Metro 8 Delowoi Zentr*

ROMANOW CINEMA (134 A3) (*🕮 F10*)
So hätte es auch den Zaren gefallen: Luxuskino mit bequemen extrabreiten Sesseln in kleinen Sälen. *Ab 4000 Rubel | Romanow Pereulok 4 | Metro 1, 4 Biblioteka Imeni Lenina, Aleksandrowski Sad*

KONZERTE

INTERNATIONALES HAUS DER MUSIK (MESCHDUNARODNY DOM MUSYKI) (142 C5) (*🕮 K14*)

Das neueste Konzerthaus mit drei Sälen wurde für große, internationale Musikfestivals gebaut. Im großen Saal ist eine wuchtige Konzertorgel aus Bonn installiert. *Kartenverkauf tgl. 10–21 Uhr | Karten 100–10 000 Rubel | Kosmodamianskaja Naberezhnaja 52/8 | Tel. 495 7 30 10 11 | www.mmdm.ru | Metro 2, 5 Pawelezkaja*

KULTURZENTRUM WINSAVOD (139 E6) (*🕮 0*)

Die alte Weinfabrik hinter dem Kursker Bahnhof ist auch Moskaus größtes Kultur- und Vergnügungszentrum inklusive dem Tanzcafé *Hitrye Ludi (Mo–Do 10–23, Fr/Sa 10 bzw. 11 bis open end, So 11–23 Uhr). 4. Syromjatnitscheskij Pereulok 1–6 | www.winzavod.ru | Metro 5 Kurskaja*

MOSKAUER KONSERVATORIUM ★ (134 A3) (*🕮 F10*)

Das über 100 Jahre alte Konservatorium ist Aushängeschild der Stadt – auch wegen der tollen Akustik für Orchester, Chöre und Orgel. Alle vier Jahre findet ein *Internationaler Tschaikowski-Wettbewerb* statt. *Kartenverkauf 10–22 Uhr | Konzerte ab 19 Uhr | Karten ab 300 Rubel | Bolschaja Nikitskaja Uliza 13/6 | Tel. 495 6 29 94 01 | www.mosconsv.ru | Metro 1, 3, 4 Ochotnyj Rjad, Arbatskaja*

TSCHAIKOWSKI-KONZERTSAAL (137 D4) (*🕮 E7*)

Die ca. 300 Veranstaltungen im Jahr sind so populär, dass man Karten nur mit viel Vorlauf bekommt. Das Repertoire reicht von Klassik und Musica bis hin zu Folklore. *Kartenverkauf tgl. 10–20 Uhr | Konzerte ab 19 Uhr | ab 200 Rubel | Triumfalnaja Ploschad 4/31 | Tel. 495 6 99 22 62 | www.meloman.ru | Metro 2 Majakowskaja*

MOSKAUER SPORTSCHAU

In Sachen Fußball ist der größte Name in Moskau ganz klar *Spartak*. Im Sommer 2014 eröffnete Präsident Putin – selbst eher Fan des *FK Zenit Sankt Petersburg* – nach sieben Jahren Bauzeit das neue Stadion des Vereins. Benannt nach einem Sponsor aus dem Bankensektor soll die *Otkrytie-Arena* **(144 C3) (*🕮 0*)** *(Karten unter tickets.spartak.com | Wolokolamskoje Schosse 69 | Metro 7 Spartak)* auch ein Austragungsort der Fußball-Weltmeisterschaft im Jahr 2018 sein. Begeistert das Team von Spartak Moskau ausnahmsweise mal nicht, kann es allerdings zu Randalen enttäuschter Fans kommen.

Weltklasse haben auch die bei Moskauern beliebten Eishockey- und Eiskunstlaufwettbewerbe, für die der *Eispalast (Ledowy dworez)* **(U B2) (*🕮 0*)** *(Mo–Fr 10–20, Sa 12–20, So 12–2.30 Uhr | Chodynski Bulwar 3 | www.hockey-palace.ru | Metro 2 Dinamo | von der Metrostation 10 Minuten zu Fuß)* mit 14 000 Plätzen gebaut worden ist. Sie können dort auch selbst Schlittschuh laufen. Eine Gelegenheit, Tennisstars wie Maria Scharapowa live zu erleben, ist der *Kreml-Cup (Karten unter www.kremlincup.ru | Olimpijski prospekt 16 | Metro 5, 6 Prospekt Mira)*, jedes Jahr im Oktober im *Olimpijski-Stadion*.

ÜBERNACHTEN

Die großen Hotels mit den klingenden Namen, roten Teppichen, schwarzen Limousinen vor der Tür und Blick auf die goldenen Kremlkuppeln bieten natürlich Service nach internationalem Standard. Die Gäste im Kempinski, Ritz oder Hyatt können sich wie zu Hause fühlen – sie müssen dafür nur wesentlich mehr bezahlen als in anderen Metropolen.

Doch selbst die vollkommen überteuerten Betten sind manchmal nicht mehr zu bekommen, weil in den vergangenen Jahren mehr Hotels abgerissen als neu gebaut worden sind. Die gigantischen sowjetischen Bettenburgen mit zusammen etwa 6500 Schlafplätzen *Rossia, Inturist, Moskwa* und *Minsk* sind abgerissen oder geschlossen worden. Um sie zu ersetzen, wurden bisher vor allem Luxushotels rund um den Kreml erbaut. Die Folge: Aufgrund des Bettenmangels stieg das Preisniveau im ganzen Stadtgebiet in schwindelerregende Höhen.

Auch bei manchen Mittelklassehotels sind die Preise noch relativ hoch – vergleichen lohnt. Wer keinen Hotelkomfort braucht, hat günstige Alternativen: Auf einigen Internetseiten, allen voran *AirBnB (www.airbnb.de)*, bieten Privatleute Zimmer oder ganze Wohnungen an. Mit ein bisschen Geschick kommt man so für kleines Geld in einem Zuckerbäckerbau aus der Stalinzeit unter. Noch günstiger ist *Couchsurfing (www.couchsurfing.com)*. Moskauer mit Freude an neuen Bekanntschaften bieten Besuchern kostenlos ein Bett oder eine Matratze auf dem Boden an. Wer als Individualtourist nach Moskau will, sollte

Bild: Blick aus einem Hotelzimmer im Ritz-Carlton

Viele Hotels halten heute internationalen Maßstäben stand. Doch schlafen ist in Moskau oft teurer als in anderen Metropolen

jedenfalls vorher gründlich im Internet recherchieren, denn das Angebot kann sich schnell ändern. Eine Alternative sind zentrumsferne Hotels aus der Sowjetzeit. Der Zimmerkomfort ist dort allerdings manchmal eher dürftig und die Preise sind dennoch saftig.

Kreditkarten werden inzwischen in fast allen Moskauer Hotels akzeptiert. Notfalls ist aber auch der nächste Geldautomat nicht weit. Bar, Disko und Fitnesszentrum zählen häufig zur Grundausstattung.

HOTELS €€€

INSIDER TIPP ARBAT
(140 C2–3) (*D11–12*)
Kleines, gepflegtes Hotel in einer ruhigen Seitenstraße am Arbat. Es wird vom Zuckerbäckerhochhaus des Außenministeriums überragt und gehört der Kreml-Administration. Es verfügt über ein Businesszentrum, ein Restaurant und eine Bar. *104 Zi. | Plotnikow Pereulok 12 | Tel. 499 2 71 28 01 | arbat.president-hotel.ru | Metro 3, 4 Smolenskaja*

Feudal logieren: im Jugendstilpalast des Metropol, nur einen Steinwurf vom Kreml entfernt

EAST-WEST ★ (137 D5) (*E9*)

Das Haus mit Vorgarten wirkt mit den 26 Zimmern und dem kleinen, gemütlichen Frühstücksraum fast wie eine traditionelle britische Pension. Untergebracht in einem dreistöckigen Adelshaus aus dem 18. Jh., welches mitten im Zentrum liegt. *Twerskoj Bulwar 14/4 | Tel. 495 6 90 04 04 | www.hotel-east-west.ru | Metro 7 Puschkinskaja*

MARCO POLO PRESNJA

(137 D5) (*E9*)

1904 als Hotel für englische Lehrerinnen im alten Viertel an den Patriarchenteichen gebaut, wurde das Haus später als Parteihotel genutzt. Treue Gäste werden mit Champagner begrüßt. Zudem gibt es ein Fitnesscenter. *73 Zi. | Spiridonewskij Pereulok 9 | Tel. 495 6 60 06 06 | www.presnja.ru | Metro 2 Majakowskaja*

METROPOL ★ (135 D2) (*G–H9*)

Das Fünf-Sterne-Hotel bezaubert durch das Jugendstilambiente im Frühstückssaal mit Springbrunnen, Intarsien-Glaskuppel und Harfenspielerin. Die Mosaike im Inneren und an der Fassade stammen von Michail Wrubel. Im Metropol wohnten bereits Bernhard Shaw, Oskar Maria Graf, Klaus Mann und Michael Jackson. Mit drei Restaurants. Im Winter traditioneller ● Sonntagsbrunch. *363 Zi. | Teatralny Proesd 2 | Tel. 499 5 01 78 00 | www.metropol-moscow.ru | Metro 2, 3 Teatralnaja, Ploschad Revoluzii*

NIKITSKAJA ASSAMBLEJA

(134 A3) (*F10*)

Das Hotel ist zwar klein, aber relativ neu und schick und befindet sich in der Moskauer Altstadt am Konservatorium. *29 Zi. | Uliza Bolschaja Nikitskaja 12/2 | Tel. 495 9 33 50 01 | www.assambleya-hotels.ru | Metro 1 Ochotnyj Rjad*

PRESIDENT HOTEL

(141 E–F4) (*G13*)

Das Hotel mit Blick auf die Erlöserkathedrale wurde einst für die internationale Abteilung des ZK der KPdSU gebaut. Im Haus der Kreml-Administration unterzeichneten die Staatschefs 1992 den 4-plus-2-Vertrag, mit dem die Teilung Deutschlands aufgehoben wurde. *208 Zi. | Uliza Bolschaja Jakimanka 24 | Tel. 499 2 71 28 00 | www.president-hotel.ru | Metro 5, 6 Oktjabrskaja*

SAVOY ★ (135 E1) *(🕮 H9)*
Eines der ältesten Hotels, nicht weit von Kreml und Lubjanka entfernt. 1913 als *Hotel Berlin* eröffnet, wurde es 2006 renoviert. Ausstattung: 67 Zimmer, Lobby mit Kamin, Businesszentrum, Sauna, Pool, Fitnesscenter. *Uliza Roschdestwenska 3/6 | Tel. 495 6 20 85 00 | www.savoy.ru | Metro 1, 7 Lubjanka, Kusnezki Most*

UKRAINA RADISSON ROYAL HOTEL MOSCOW (140 A1) *(🕮 B10–11)*
Im restaurierten Zuckerbäckerbau verbinden sich Sowjetpomp und moderner Luxus. Aus der Bar im 31. Stock und vielen Zimmern haben Sie einen tollen Blick auf das Weiße Haus und den Neuen Arbat. Wochenendrabatt. Sehenswert: das Modell des Kreml und seiner Umgebung im Maßstab 1:75, zu sehen im hinteren Bereich des Erdgeschosses. *497 Zi. | Kutusowski Prospekt 2/1 | Tel. 495 2 21 55 55 | www.ukraina-hotel.ru | Metro 3, 4, 5 Kiewskaja*

HOTELS €€

AEROPOLIS (U B1) *(🕮 0)*
Dieser Hotelblock liegt verkehrsgünstig auf dem Weg zum Flughafen Scheremetjewo. *197 Zi. | Leningradski Prospekt 37/5 | Tel. 495 9 40 91 11 | www.aeropolis.ru | Metro Aeroport*

AST HOF (U A3) *(🕮 0)*
Das Hotel steht in einem Moskauer Wohnviertel. Gegenüber liegt der Filjowski Park mit Laufparcours. Gut ausgestattete 100 Zimmer. *Uliza Bolschaja Filjowskaja 25/1 | Tel. 495 7 44 07 00 | www.asthof.ru | Metro 4 Bagrationowskaja*

AZIMUT TULSKAYA HOTEL
(U D5) *(🕮 0)*
Das Design des Azimut Tulskaya Hotels wird entscheidend von der Lage des Gebäudes bestimmt. In der ehemaligen Textilfabrik Danilovskaya Manufaktur mit roten Backsteinwänden, gewölbten Decken sowie gusseisernen Säulen und Naturholz sind 139 Zimmer und fünf Suiten untergebracht. Gutes Preis-Leistungs-Verhältnis. *Varshawskoe Schosse 9 | Tel. 495 9 87 22 22 | www.azimuthotels.com | Metro 9 Tulskaja*

DANILOWSKAJA ★
(U D4) *(🕮 H18)*
Das 1991 erbaute Hotel liegt direkt im Danilow-Kloster, dem Sitz des Patriarchen

MARCO POLO HIGHLIGHTS

★ East-West
Gediegenes kleines Hotel im Zentrum Moskaus → S. 96

★ Metropol
Jugendstilpracht am Kreml – mit Springbrunnen und Harfenspiel zum Frühstück → S. 96

★ Savoy
Lobby mit Kamin mitten im Bankiersviertel → S. 97

★ Danilowskaja
Wohnen im Kloster – gepflegt und gar nicht mal so teuer → S. 97

★ Sowjetski
Modernisierter Hotelluxus aus der Stalinzeit → S. 99

★ National
Wohnen wie einst Lenin und Churchill → S. 98

von Moskau. Es wird von der russisch-orthodoxen Kirche betrieben, sodass hier auch Synoden und Kirchenkonferenzen abgehalten werden. Die 116 Zimmer verfügen über Minibar und TV. Im Restaurant wird nach alten russischen Rezepten gekocht. *Bolschoj Starodanilowski Pereulok 5 | Tel. 495 9 54 05 03 | www.danilovsky.ru/hotel | Metro 9 Tulskaja*

INSIDER TIPP GOLDEN APPLE
(137 E4) (*Ⓜ F7*)
Dieses modern eingerichtete Boutique-Hotel in einem historischen Gebäude liegt nahe dem Ermitage-Garten. Mit Restaurant, Bar, Sauna und kleinem Fitnesscenter. *92 Zi. | Uliza Malaja Dmitrowka 11 | Tel. 495 9 80 70 00 | www.goldenapple.ru | Metro 2 Twerskaja*

LUXUSHOTELS

Ararat Park Hyatt (135 D1) (*Ⓜ H9*)
Die Terrassenbar mit Glasdach beeindruckt mit einem phantastischen Blick auf den Kreml. Das *Café Ararat* lockt mit armenischer Küche. In den Wintermonaten bietet das *Park Restaurant* sonntags 12.30–16 Uhr einen großen Brunch mit Sushi, Austern und vielen Spezialitäten an. 5500 Rubel inkl. Champagner. *206 Zi. | ab ca. 335 Euro | Uliza Neglinnaja 4 | Tel. 495 7 83 12 34 | www.moskva.park.hyatt.com.ru | Metro 1, 2, 3 Ochotnyj Rjad, Teatralnaja, Ploschad Revoluzii*

Baltschug Kempinski (135 E6) (*Ⓜ H12*)
Vom Frühstückssaal aus können Sie direkt auf den Kreml, den Roten Platz und die Basilius-Kathedrale schauen. Im Baltschug stiegen schon die Exkanzler Kohl und Schröder ab. *230 Zi. | ab 310 Euro | Uliza Baltschug 1 | Tel. 495 2 87 20 00 | www.kempinski-moscow.com | Metro 2 Nowokusnezkaja*

Lotte (140 C2) (*Ⓜ D11*)
Für Freunde des Luxus ist das Hotel Lotte genau das richtige. Das Gebäude der koreanischen Kette ist wegen seiner imposanten Säulen und der Glasfassade nicht zu übersehen. Die 39 Suiten – eine von ihnen ist mit 490 m² Russlands größte – bieten maximalen Komfort. Selbst die 261 Standardzimmer sind mit Größen ab 42 m² großzügig bemessen. *Ab ca. 420 Euro | Novinskiy Bulwar 8/2 | Tel. 495 7 45 10 00 | www.lottehotel.ru | Metro 3, 4 Smolenskaja, Arbatskaja*

National ★ (134 B–C 2–3) (*Ⓜ G10*)
Seit 1903 gilt das Hotel National als eins der besten Häuser in Moskau, weshalb hier wohl auch schon Gäste wie Wladimir Lenin und Winston Churchill wohnten. Die besten Zimmer und die Bankettsäle gestatten einen tollen Ausblick auf den Kreml. Ebenso die Dachterrasse. Unterm Glasdach lockt der Hotelpool. *202 Zi. | ab 150 Euro | Uliza Mochowaja 15/1 | Tel. 495 2 58 70 00 | www.national.ru | Metro 1 Ochotnyj Rjad*

Ritz-Carlton (134 B2) (*Ⓜ G9–10*)
Die kürzlich renovierte *O2-Lounge* eröffnet ihren Besuchern einen wunderbaren Blick auf den Kreml. Die insgesamt 334 Zimmer (ab 340 Euro aufwärts) sind sehr edel im imperialen Stil gehalten, das kleinste von ihnen ist immer noch 42 m² groß. *Twerskaja Uliza 3 | Tel. 495 2 25 88 88 | www.ritzcarlton.com | Metro 1 Ochotnyj Rjad*

KATERINA PARK (144 C4) *(🗺 O)*
Etwas außerhalb des Zentrums, aber mit ausgezeichnetem Preis-Leistungs-Verhältnis. Fitnessraum und großer Saunabereich. *245 Zi. | Uliza Kirovogradskaja 11 | Tel. 495 9330401 | www.katerinahotels.com | Metro 9 Prashskaja*

MAXIMA SLAVIA (U D4) *(🗺 O)*
Eins der besten Mittelklassehotels in einer ruhigen Seitenstraße beim Ausstellungszentrum (WDNCh). In der Nähe liegt der *Aquapark Kwa-Kwa (2 Std. 1210 Rubel | www.kva-kva.ru)*. Bar, Sauna, Fitnessraum und Konferenzsaaal mit 40 Plätzen. *100 Zi. | Jaroslawskoje Schosse 44 | Tel. 495 7887272 | www.maximahotels.ru | Metro 6 WDNCh*

SOWJETSKI ★ (136 A1) *(🗺 B4)*
Modernisierter Stalinbarock. Bereits 1826 ein bekanntes Lokal, wurde das Haus unter Stalin zum Parteihotel ausgebaut. Hier wohnten Konrad Adenauer, Margaret Thatcher und Arnold Schwarzenegger. 106 Zimmer, bis zu 130 m² groß. Fitnesscenter, Restaurant und Nachtclub. *Leningradski Prospekt 32/2 | Tel. 495 9602000 | www.sovietsky.ru | Metro 2 Dinamo*

Augenweide für Sowjetnolstalgiker: Restaurant Yar inklusive Retro-Showbühne im Sowjetski

ULANSKAJA (138 C4) *(🗺 J8)*
61 eher kleine Zimmer im Stadtzentrum. Thementage im Restaurant. *Ulanski Pereulok 16/1a | Tel. 499 1511103 | www.ulanhotel.ru | Metro 1, 6 Tschistyje Prudy, Turgenewskaja*

HOTELS €

ALTAI (144 C3) *(🗺 O)*
Der renovierte und modernisierte 1950er-Jahre-Bau beeindruckt seine Gäste mit Jazzmusikabenden live im eigenen Restaurant. und ist außerdem äußerst verkehrsgünstig gelegen. *400 Zi. | Uliza Botanitscheskaja 41 | Tel. 495 4822797 | www.altay-hotel.ru | Metro 9 Wladykino*

Backpacker statt Banker: Das High Level Hostel redisiert in einem der Glitzertürme Moscow Citys

BAIKAL (144 C3) (🗺 0)
Außerhalb des Zentrums, aber dafür recht preisgünstig. In der Nähe liegen das Ausstellungsgelände WDNCh und der Botanische Garten. Der Plattenbau hat ein Businesscenter, Café, Restaurant und einen eigenen Nachtclub. *464 Zi. | Selskochosjaistwenaja Uliza 15/1 | Tel. 499 189 77 52 | baikalmoscow.ru | Metro 6 Botanitscheski Sad*

HOTELKOMPLEX ISMAILOWO
(U F2) (🗺 0)
Touristensilo ist wohl der passende Ausdruck für diese riesige Hotelanlage mit etwa 4300 Zimmern in den Blöcken *Alpha (www.alfa-hotel.ru), Beta, Gamma, Delta* und *Wega (www.hotel-vega.ru)*. Hinter dem Komplex findet Moskaus größter Trödelmarkt statt. *Ismailowskoje Schosse 71 | Tel. 495 7 37 79 50 | www.hotelizmailovo.ru | Metro 3 Partisankaja*

JAROSLAWSKAJA (144 C3) (🗺 0)
Aus Sowjetzeiten, nahe dem Ausstellungsgelände WDNCh und einst für die Olympischen Spiele 1980 gebaut. *70 Zi. | Uliza Jaroslawskaja 8/1 | Tel. 495 6 47 25 01 | Metro 6 WDNCh*

SALUT UND ASTRUS (144 C4) (🗺 0)
In den beiden Hochhaushotels übernachten vorwiegend Reisegruppen, die keine Probleme mit größeren Wegstrecken haben. Doch auch Individualisten gelangen mit der Metro von hier schnell ins Zentrum. *Leninski Prospekt 158 | Tel. 495 2 34 92 52 | www.hotelsalut.ru und Leninski Prospekt 146 | Tel. 495 4 34 94 67 | www.astrus.ru | beide Metro 1 Jugo-Sapadnaja*

INSIDER TIPP **SOLOTOI KOLOS**
(U D1) (🗺 0)
Das Haus war 1954 so etwas wie ein Vorläufer der sowjetischen Megahotels à la Kosmos. Insgesamt umfasst der Komplex 331 Zimmer, die in sechs Gebäuden mit Geschäften, Bars und einem Massagesalon untergebracht sind. *Uliza Jaroslawskaja 15 | Tel. 495 6 17 66 66 | www.zkolos.ru | Metro 6 WDNCh*

JUGENDHOTELS

INSIDER TIPP DA HOSTEL
(140–141 C–D2) (*E11*)
Helle, freundliche Jugendunterkunft mit Mehrbett- oder Doppelzimmern. Im großen Gemeinschaftsraum warten Playstation und TV, außerdem können die Hostel-Gäste tageweise Fahrräder mieten. *Ab 10 Euro im Zehnbettzimmer | Uliza Stary Arbat 11 | Tel. 495 2 12 93 89 | www.dahostel.com | Metro 4 Arbatskaja*

GODZILLAS HOSTEL (137 F3) (*G7*)
In einem kleinen Altstadtgässchen in unmittelbarer Nähe des Alten Zirkus stehen in acht Zimmern 20 Betten à 14 Euro die Nacht für Gäste zur Verfügung. Die Einzelzimmer sind natürlich deutlich teurer und liegen bei einem Preis von 45 Euro. *Bolschoj Karetny Pereulok 6 | Tel. 495 6 99 42 23 | www.godzillashostel.com | Metro 9 Zwetnoi Bulwar*

INSIDER TIPP HIGH LEVEL HOSTEL
(U B3) (*O*)
Weil *Moscow City* nicht genug Banker anlockt, ist in einem der Hochhäuser ein Hostel entstanden. Modern eingerichtete sechs Zimmer mit zwei bis sechs Betten und ein Blick aus dem ☀ Frühstücksraum, der seinesgleichen sucht. *Ab 20 Euro | Presnenskaja Nabereschnaja 6 | Tel. 963 7 57 95 33 | www.highlevelhostel.ru | Metro 4 Vystavochnaja*

INSIDER TIPP HONEYCOMB HOSTEL
(141 E2) (*F11*)
Klein, neu und liebevoll dekoriert mit Zitaten und Bildern aus „Pu der Bär" an den Wänden. Übernachtung im Schlafsaal ab 10 Euro, privates Zweibettzimmer mit TV ab 45 Euro. Zentrale Lage in einer Parallelstraße zum Kreml-Ufer, viele Sehenswürdigkeiten leicht zu Fuß erreichbar. *21 Betten | Kremlewskaja Nabereschnaja 1/9 | Tel. 495 5 32 55 96 | www.honeycomb24.ru | Metro 1 Kropotkinskaja*

PRIVATE UNTERKÜNFTE

Die in Moskau vorgeschriebene Registrierung bei der Meldestelle erledigt die Zimmervermittlung *Kvart Hotel (Mo–Fr 10–19, Sa/So 10–18 Uhr | Tel. 495 9 21 14 24 | www.kvart-hotel.ru)* für die Gäste gleich mit. In den Wohnungen, die im Zentrum Moskaus liegen, können ab 80 Euro z. B. vier Personen unterkommen. Bei den Apartments handelt es sich um gut ausgestattete Wohnungen ohne Familienanschluss. Gleiches gilt auch für die Apartments und Zimmer bei *Moskau Übernachten (Tel. 05251 20 20 80 | www.moskau-uebernachten.de)*. Die sind zwar etwas teurer, dafür gibt es aber eine deutschsprachige Vermittlung.

LOW BUDG€T

Erstaunlicherweise liegt das *Hostel Napoleon* **(138 B6) (*J9*)** *(Maly Slatoustjinski Pereulok 2 | 4. Etage | Tel. 495 6 28 66 95 | www.napoleonhostel.com | Metro 6, 7 Kitaigorod)* nur fünf Gehminuten vom Kreml entfernt: Sechs Gemeinschaftszimmer mit sechs bis zehn Betten ab je 10 Euro stehen bereit.

Ganz nah beim Arbat steht das *Home Hostel* **(140 B4) (*D13*)** *(2. Neopalimowski Pereulok 3 | Tel. 495 7 78 24 45 | www.moshostel.com | Metro 3, 4 Smolenskaja)* mit zehn Zimmern und insgesamt 52 Betten. Einzelzimmer gibt es ab 48 Euro, ansonsten kann hier ab umgerechnet 11 Euro übernachtet werden.

ERLEBNISTOUREN

1 MOSKAU PERFEKT IM ÜBERBLICK

START: 1 **Roter Platz**
ZIEL: 12 **Bolschoi-Theater**

Strecke:
➡ **10 km**

1 Tag
reine Gehzeit
4 Stunden

KOSTEN: Essen & Trinken ca. 27, Bootsfahrt ca. 5,50, Metro pro Fahrt ca. 0,70, Taxi ca. 10, Ticket Bolschoi ab 1,20 Euro
MITNEHMEN: Frauen müssen in der 7 **Christ-Erlöser-Kathedrale** ein Kopftuch tragen.

ACHTUNG: Karten fürs 12 **Bolschoi-Theater** weit im Voraus kaufen. Besonders außerhalb der Hauptsaison vor dem Aufbruch unter *cck-ship.ru* Betrieb und Zeiten der **Ausflugsboote** prüfen.

Die großen Sehenswürdigkeiten erleben und gleichzeitig ein Gefühl dafür bekommen, was Moskau wirklich ausmacht – mit dieser Tour können Sie beides. Eine

Städte haben viele Facetten. Wenn Sie Lust haben, diese verschiedenen Gesichter mit all ihren einzigartigen Besonderheiten zu entdecken, wenn Sie jenseits bekannter Pfade geführt oder zu grünen Oasen, ausgewählten Restaurants oder typischen Aktivitäten geleitet werden wollen, dann sind diese maßgeschneiderten Erlebnistouren genau das Richtige für Sie. Machen Sie sich auf den Weg und folgen Sie den Spuren der MARCO POLO Autoren – ganz bequem und mit der digitalen Routenführung, die Sie sich über den QR-Code auf S. 2/3 oder die URL in der Fußzeile zu jeder Tour downloaden können.

Route zwischen Geschichte und Gegenwart, zwischen großer Architektur und Popkultur, zwischen angesagten Cocktails und traditionellen Ballettabenden.

09:00 Wenn die Rubinsterne der Kremltürme in der Morgensonne funkeln und der **1 Rote Platz** **→ S. 37** noch einsam daliegt, ist die beste Startzeit. Machen Sie einen Rundgang durch die Geschichte: von der märchenhaften **Basilius-Kathedrale** Iwans des Schrecklichen über den **Richtplatz** Peters des Großen und das Jugendstil-Kaufhaus **GUM** des Zaren Nikolai II. bis zum **Lenin-Mausoleum**.

1 Roter Platz

Bild: der Manegenplatz mit dem Historischen Museum

2 Marktbuden

METRO LINIE 7 PUSCHKINSKAJA

3 Puschkin-Denkmal

4 Klub Majak

Am Historischen Museum vorbei öffnet sich der Weg in die Stadt. Sie halten sich rechts und laufen auf den Stalinklotz des Luxushotels Moskwa zu. Ihm gegenüber stehen meist einige hölzerne **2 Marktbuden**, auf die Karl Marx von seinem Denkmalsockel herabblickt. Mal kann man hier hausgemachte Marmeladen probieren, mal Gebäck kaufen – die Belegung der Buden wechselt. **Unterqueren Sie den Teatralnij Projesd. Vorbei am Bolschoi-Theater geht es zur Metrohaltestelle Kusnezki Most und von dort mit der Linie 7 eine Station zur Puschkinskaja. Vom 3 Puschkin-Denkmal → S. 53 schlendern Sie durch den Park des Boulevardrings den knappen Kilometer bis zur Höhe der Großen Auferstehungskirche**, in der der Dichter getraut wurde. Zeit für ein frühes Mittagessen im gemütlichen **4 Klub Majak → S. 89**. Möbelstücke aus Omas Zeiten und die Mischung aus russischen und internationalen Gerichten geben dem Majak einen traditionellen, aber nicht spießigen Charme. Im selben Gebäude ist das

Majakowski-Theater untergebracht. Wer gerade auf oder hinter der Bühne nicht gebraucht wird, kehrt oft im Majak ein – und trägt zur bunten Mischung an Gästen bei. **Nach der Mittagspause laufen Sie Richtung Süden zum ❺ Alten Arbat** → S. 50. Zur Zarenzeit wohnten hier Bürger, Adelige, Künstler und Dichter wie Gogol und Puschkin. Spazieren Sie an Souvenirläden und Straßenkünstlern vorbei zur etwas versteckt liegenden **❻ Gedenkmauer** für die koreanisch-russische Rocklegende Viktor Zoj. Heute noch schreiben seine Fans „Zoj lebt!" auf diese Wand. Falls Sie rauchen, ist jetzt Zeit für eine Viktor-Zoj-Gedenkzigarette – auch für ihn liegt meist eine Schachtel in einer kleinen Nische.

13:00 **Zurück am östlichen Ende des Arbat nehmen Sie den Bus (Linie 31 oder 44) und steigen zwei Haltestellen weiter an der ❼ Christ-Erlöser-Kathedrale** → S. 50 wieder aus. Besichtigen Sie diese größte russisch-orthodoxe Kirche der Welt, und genießen Sie anschließend von der **❽ Patriarchen-Brücke** aus, die hinter der Kirche über den Fluss führt, den Panoramablick auf den Kreml. Am anderen Ufer stöbern Sie durch das Gelände der einstigen Schokoladenfabrik **❾ Roter Oktober** → S. 55 mit Galerien, Ateliers und Lokalen – und nehmen einen Moscow Mule auf der Dachterrasse der **Strelka Bar** *(www.strelkainstitute.com)* mit Blick auf den Fluss. Instagram-Nutzer können ihre geschossenen Tourfotos im kleinen Innenhof zwischen der Bar und dem Strelka-Institut direkt ausdrucken. **Boft** heißt der Automat, von denen es in Moskau inzwischen eine ganze Reihe gibt. **Die Uferstraße führt Sie stadteinwärts zum ❿ Bolotnaja-Platz**. Von hier starten im Sommer **Ausflugsboote** – eine gute Gelegenheit, Moskau vom Wasser aus zu entdecken. Wer den Blick ins Grüne schätzt, lässt auf der linken Seite Gorki-Park und Neskutschni-Garten an sich vorbeiziehen. Wer rechts sitzt, schaut auf Moskauer Stadtarchitektur. Der Blick auf das prächtige Hotel Ukraina ist einer der Höhepunkte der Fahrt, **kurz darauf legt ihr Boot am Kiewer Bahnhof an. Hier steigen Sie in die Metro und fahren zur Station Kurskaja.**

In unmittelbarer Nähe steht das **⓫ Kulturzentrum Winsavod** → S. 93. Die alte Weinfabrik beherbergt heute mehrere Galerien, einen Buchladen, Schmuckgeschäfte und Boutiquen russischer Künstler und Designer. Im Hof lohnt sich ein Besuch bei **Schkaf Podrugi** („Der Schrank einer Freundin"). In dem Laden im ersten Stock leihen Moskauerinnen

❺ Alter Arbat

❻ Gedenkmauer

BUS LINIE 31 ODER 44

❼ Christ-Erlöser-Kathedrale

❽ Patriarchen-Brücke

❾ Roter Oktober

❿ Bolotnaja-Platz

METRO LINIE 3 KURSKAJA

⓫ Kulturzentrum Winsavod

mit kleinem Budget und großen Plänen Abendgarderobe von russischen Designern aus – anprobieren ausdrücklich erlaubt! Wem nicht nach Glitzer und Glamour ist, der geht ein paar Türen weiter zu **33 ⅓**. Dort wartet altes und neues Vinyl darauf, entdeckt und auf einem der zahlreichen Plattenspieler aufgelegt zu werden. Vorbei an Schmuck- und Souvenirläden gehen Sie zum Abendessen ins bezaubernde **ZurZum-Café** → S. 68. Bei gemütlich-warmem Licht lassen Sie hier die Highlights des Tages noch einmal Revue passieren und bestellen einen russischen Suppenklassiker: Soljanka, Pilzsuppe oder doch Borschtsch? Dazu eine Literkaraffe hausgemachte Limonade – probieren Sie die Variante mit Gurkenstücken – ungewohnt lecker!

⑫ Bolschoi-Theater

18:00 Planen Sie genug Zeit für die Taxifahrt von Winsavod zum ⑫ **Bolschoi-Theater** → S. 88 ein. Unter der Woche kann die Fahrt durch die Rushhour 45 Minuten dauern. Gut, dass Abendveranstaltungen in Moskau selten pünktlich beginnen. Egal, ob sie im rot-gold dekorierten Saal eine Ballettaufführung besuchen oder ein Konzert, sollten Sie sich auf jeden Fall **INSIDER TIPP** ein Opernglas ausleihen. Es kostet nicht viel, verdoppelt den Genuss – und ist die unausgesprochene Genehmigung, anschließend an der Garderobenschlange vorbei zu gehen und als einer der ersten seine Jacke zurückzubekommen.

2 DURCH HINTERHÖFE, TORE UND PASSAGEN

START: ① Tschechowskaja
ZIEL: ⑩ GUM

Strecke:
3 km

6 Stunden
reine Gehzeit
45 Minuten

KOSTEN: Eintritte ca. 8,50, Pelmeni ca. 6,50, Kavier ca. 40 Euro

ACHTUNG: Nutzen Sie die Unterführungen und versuchen Sie nicht, große Straßen auf eigene Faust oberirdisch zu überqueren.

Dieser Spaziergang führt Sie durch den wohl lebendigsten Teil der Innenstadt Moskaus. Sie gehen überwiegend durch Fußgängerzonen, genießen die Betriebsamkeit – und erleben dabei sowohl die luxuriöse Seite Moskaus als auch die Freuden solider, handgemachter Traditionsküche. Sie erstehen typisch russische Souvenirs und geben sich der Leichtigkeit des Spiels hin.

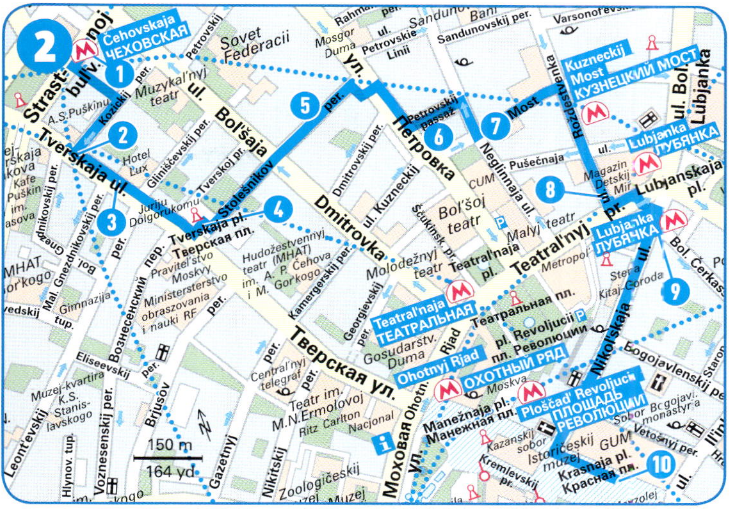

10:00 **Gleich neben der Metrostation ❶ Tschechowskaja am Strastnoi Bulwar 4 nimmt Sie ein großer Torbogen auf. Eine Reihe verwinkelter Hinterhöfe mit Kneipen und Restaurants führt bis zum Kositski Pereulok.** So verdichtet wurde zur Zeit des Zarenreichs gebaut. **Wenn Sie rechts bis zur Twerskaja laufen, sehen Sie an der Ecke Russlands schönstes Lebensmittelgeschäft.** So effektvoll wie im **❷ Jelissejew** → S. 79 mit seinem prächtigen Jugendstilsaal werden wohl nirgendwo sonst in der Stadt Lebensmittel inszeniert: die russischen Marmeladenvariationen im dunklen Holzregal, das makellose, perfekt ausgeleuchtete Obst, der Kaviar in der Kühltheke natürlich stilecht in silbernen Schalen. Nehmen Sie doch ein Döschen Kaviar als Andenken mit. **Wieder im Freien spazieren Sie an der Twerskaja entlang in Richtung Kreml weiter. Im Haus Nr. 12 finden Sie eine Filiale des Cafés ❸ Zifferblatt** → S. 67. **Um den richtigen Eingang zu finden, halten Sie am Mauerwerk Ausschau nach dem Bild eines Mannes in Anzug und Hut, der als Gesicht eine Uhr hat.** Am Eingang des Cafés bekommt jeder Besucher einen klapprigen alten Wecker, denn abgerechnet wird im Zifferblatt nicht nach Verzehr, sondern nach der Dauer des Aufenthalts. Holen Sie sich also ruhig noch einen zweiten Kräutertee aus dem wackeligen Regal im Korridor oder Nachschub von den Keksen.

❶ Tschechowskaja

❷ Jelissejew

❸ Zifferblatt

Prachtvolle Einkaufs- und Bummelmeile zwischen Rotem Platz und Lubjanka: die Nikolskajastraße

4 Reiterstandbild von Fürst Juri Dolgoruki

5 Lepim i Warim

6 Petrowski-Passage

12:30 **Etwas weiter auf der Twerskaja haben Sie einen guten Blick auf einen Eckturm des Kreml.** Das imposante **4 Reiterstandbild von Fürst Juri Dolgoruki** zeigt Ihnen, wem Sie diese ganze Pracht zu verdanken haben: Dolgoruki hatte Moskau gegründet. **Nun biegen Sie aus dem Gewühl der Twerskaja nach links ab. Folgen Sie der Stoleschnikow-Gasse bis zur ersten Querstraße. Linker Hand liegt in Sichtweite der Föderationsrat des russischen Parlaments; Sie laufen weiter geradeaus in die Fußgängerzone, die mit Luxusläden zum Windowshopping einlädt.** Sie haben ein Ziel vor Augen, das nicht nur deutlich günstiger ist, sondern auch typisch russischen Genuss verspricht: Pelmeni. **In einem der Hinterhöfe linker Hand** finden Sie das kleine Café 5 INSIDER TIPP **Lepim i Warim** *(Stoleschnikow Pereulok 9 | www.lepimivarim.ru)*. Suchen Sie sich an der Theke aus, womit die Teigtaschen gefüllt sein sollen – klassisch mit Fleisch, leicht mit Lachs und Zander, oder edel mit Krabben, gehüllt in tintenfischschwarzen Teig? Dazu ein Bier aus der Kühltheke – köstlich! **Am Ende der Stoleschnikow-Fußgängerzone gehen Sie nach rechts, am Säulenportal der Generalstaatsanwaltschaft vorbei bis zum Eingang in die 6 Petrowski-Passage** → S. 82 mit sehenswerter Jugendstilarchitektur. Sie ist ähnlich luxuriös wie das GUM, aber fast menschenleer. **Gegenüber der Zentralbank kommen Sie heraus und gehen 200 m nach rechts, wo das neoimperiale Gebäu-**

de des Kaufhauses ZUM Blicke auf sich zieht. Sie aber folgen links der belebten Straße Kusnezki Most und erreichen kurz darauf rechts das 7 Museum für Sowjetische Spielautomaten → S. 42. Zum Eintritt gibt es ein Papiertütchen mit alten Kopekenmünzen, die Sie an den Geräten mit leicht angestaubtem Charme verdaddeln dürfen.

7 Museum für Sowjetische Spielautomaten

15:30 **Weiter geht es den Kusnezki Most bis zur Roschdestwenka Uliza, an der Sie nach rechts abbiegen. Am Ende der Gasse erreichen Sie den riesigen, alten Spielwarenladen 8 Djetski Mir.** Drinnen lohnt ein Blick zur bunt verzierten Glasdecke, aber seien Sie gewarnt: Wer das Djetski Mir betritt, plant besser einiges an Zeit (und Geld) ein. Die Basiliuskathedrale als 3D-Puzzle? Der Kreml aus Legosteinen? Lassen Sie sich durch die Etagen treiben. **Auf der anderen Straßenseite umgehen Sie das architektonisch eigenwillige Einkaufszentrum Nautilus und stehen am Anfang der alten 9 Nikolskajastraße** → S. 43 – mit prächtigen Fassaden und Geschäften – vielleicht noch das Medaillon eines russischen Heiligen als Mitbringsel? – ein spannender Mix von modern-mondän und uralt-ehrwürdig. Die Tour endet am Kaufhaus **10 GUM** → S. 41 – mit Blick über den Roten Platz auf Kreml und Lenin-Mausoleum. Gönnen Sie sich zum Schluss an der Bar im Erdgeschoss ein Glas Schampanskoje aus Russland größter Kellerei *Abrau-Djurso*. Viele Russen mögen ihren Schaumwein eher süß, für westliche Gaumen empfiehlt sich die Variante „Brut" mit türkis umrahmtem Etikett.

8 Djetski Mir

9 Nikolskajastraße

10 GUM

3 METRO: PALÄSTE DER UNTERWELT

START: 1 Ploschad Revolutsii
ZIEL: 11 Ochotnyj Rjad

Strecke: 20 km

½ Tag
reine Fahrzeit
1½ Stunden

KOSTEN: ca. 0,70 pro Metroticket, Essen und Trinken ca. 25 Euro

ACHTUNG: Mehrfahrten- (ab 2 Fahrten) oder Tagestickets (ca. 3 Euro) für die **Metro** können günstiger sein. Die Linien 3 und 4 haben zwar beide eine Station „Arbatskaja", sie liegen jedoch nicht am selben Ort. Meiden Sie unter der Woche die Rushhour. Besonders entspannt kann man die Metrotour am Wochenende machen. Wer sie abends angeht, sollte darauf achten, bis 1 Uhr die U-Bahn verlassen zu haben.

Die Moskauer ★ Metro befördert täglich rund 9 Mio. Passagiere, ihre Züge rasen oft in einem Abstand von nur 90 Sekunden hintereinander her. Doch Moskaus U-Bahn ist zugleich auch ein Museum der Technik, der Architektur und des Zeitgeists. Ein Ausflug hierher kommt einer Reise zu den unterirdischen Palästen der Stalinära gleich. Der Eintritt in diese Welt kostet 50 Rubel – für ein Ticket, mit dem Sie bis zum Betriebsschluss im Untergrund bleiben können.

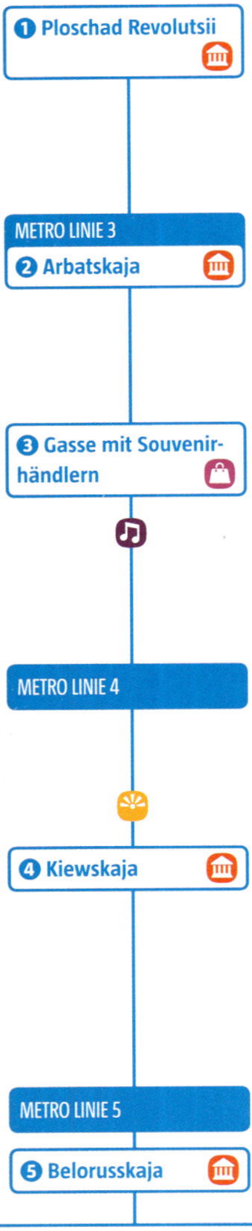

10:00 Am **1 Ploschad Revolutsii (Platz der Revolution)** führt die Rolltreppe in einen 1938 eröffneten Saal mit roten Marmorbögen. Eine Garde bronzener Helden säumt den Bahnsteig: Arbeiter, Bauern, Pioniere, Studentinnen, Grenzsoldaten mit Hunden. Wenn Sie gerade ein wenig Glück brauchen können, machen Sie es wie die Moskauer und streicheln sie eine der Hundeschnauzen, die wegen dieser Tradition stets golden glänzen. **Von Gleis 1 fahren Sie weiter mit der Linie 3 zur Station 2 Arbatskaja**, die nach Stalins Tod 1953 eröffnet wurde. Aus rotem Marmor wachsen hier blendend weiße Bögen empor. **Nehmen Sie die Rolltreppe aufwärts für einen kurzen oberirdischen Abstecher: Wenn Sie sich nach dem Ausgang scharf links halten, kommen sie zu einer kleinen 3 Gasse mit Souvenirhändlern**. An dieser Ecke tritt an Sommerabenden oft eine Band auf. Von einem der Stände baumeln *Lapti*, die russischen Bastschuhe – ein gutes (und leichtes!) Mitbringsel. **Sie biegen am Ende der Gasse links ab und kommen zu einem asiatisch anmutenden, roten Steinpavillon, dessen Inspiration die Form des Sowjetsterns gewesen sein soll. Hier betreten Sie die Metro wieder und steigen nun auf Gleis 1 in die hellblaue Linie 4, mit der Sie zwei Stationen fahren.** Suchen Sie sich möglichst einen Platz am Fenster und halten Sie Kamera oder Smartphone bereit: Die Bahn taucht kurz auf, es wird hell und ihr Zug ruckelt über die Moskwa. Hier haben Sie zu beiden Seiten einen beeindruckenden Blick auf den Fluss.

11:00 In der Station **4 Kiewskaja** feiert ein riesiges Mosaik 300 Jahre russisch-ukrainische Einheit. **In der Saalmitte nehmen Sie den Übergang zur Ringlinie 5,** die der Legende nach auf eine Idee Stalins zurückgeht: Als ihm seine Stadtplaner einen Entwurf für den Ausbau des Metronetzes zeigten, soll der Staatschef seine Tasse mitten auf den Entwurf gestellt haben. Als er sie wieder anhob, blieb ein dunkler Kaffeekranz, der die bisherigen Linien miteinander verband. **Von der Kiewskaja bringt die Ringbahn Sie mit nur einem Zwischenstopp zur blütenweißen Station 5 Belorusskaja**. Sie ist mit ihren zwölf

Marmormosaiken Weißrussland gewidmet. Sie tauchen erneut aus der Metro auf, und zwar entgegen der Fahrtrichtung. Oben können Sie den Kontrast zwischen einer kleinen, alten Kirche und den Hochhäusern um Sie herum bestaunen und in der **6 Osteria Bianca** *(Uliza Lesnaja 5 | osteriabianca.ru)* zu Espresso oder Americano auch ein Eis am Stil bestellen, das wahlweise die Form des Kopfes von Marilyn Monroe, Darth Vader oder Wladimir Majakowski hat. Ihm ist die Station **7 Majakowskaja** gewidmet, **zu der Sie nach Ihrer Kaffeepause von der Station Belorusskaja mit der grünen Linie 2 kommen.** Die glänzenden Nirosta-Bögen der Säulen leiten den Schall – angeblich ist auf der einen Seite zu hören, was auf der anderen geflüstert wird. Wer einen ausreichend ruhigen Moment erwischen will, um das zu überprüfen, braucht allerdings schon einiges an Geduld.

6 Osteria Bianca

METRO LINIE 2
7 Majakowskaja

Sie tauchen wieder auf und sind nach wenigen Schritten am Hotel Peking *(Uliza Bolschaja Sadowaja 5 | www.hotelpekin.ru)*. Durch das wenig einladende Foyer geht es im winzigen Aufzug hoch in die **8 Timeout Bar**, wo sich leicht angestaubter Sowjetprunk und modernes Design zu einer besonderen Atmosphäre mischen. Drinnen sitzen Sie unter einem schwülstigen Deckengemälde an der Bar, auf der Dachterrasse haben Sie in mehrere Himmelsrichtun-

8 Timeout Bar

METRO LINIE 2 BELORUSSKAJA, DANN METRO LINIE 5

9 Nowoslobodskaja

METRO LINIE 5

10 Komsomolskaja

METRO LINIE 1

11 Ochotnyj Rjad

gen freien Blick über die Stadt. Das Küchenteam mischt traditionelle Zutaten der russischen Küche mit internationalen Gerichten: Erst ein Burger im Rote-Bete-Brötchen, danach ein Stück Möhrenkuchen mit Sauerampfereis.

13:30 **Ihre Route führt nun zurück zur Belorusskaja und von da mit der Linie 5 (Ringbahn) weiter zur Station 9 Nowoslobodskaja**, deren leuchten bunte Glasmalereien in immer wieder anderen Farbkombinationen begeistern. **Anschließend geht die Fahrt in dieselbe Richtung weiter zur 10 Komsomolskaja**, der vielleicht prächtigsten Metrostation der Stadt. Gelbe Wände, weißer Stuck, Kronleuchter und Deckenmosaike – man braucht Zeit, um die opulente Ausstattung auf sich wirken zu lassen. **Folgen Sie anschließend den Schildern zur roten Linie 1.** Dieser Teil der Station gehörte zu den allerersten Haltestellen der Moskauer Metro. **Von hier sind es nur vier Stopps bis zurück zum Ausgangspunkt Ploschad Revolutsii, der auf dieser Linie allerdings 11 Ochotnyj Rjad** heißt – wie das angegliederte **Einkauszentrum** → S. 81, in dem Sie sich für die erfolgreich absolvierte Tour mit einem Bummel belohnen können. In der obersten Etage finden Sie nahe der Rotunde das Geschäft **Fashion-Profession**, in dem weniger bekannte russischen Designer ihre Entwürfe verkaufen. Mit Avantgarde hat das wenig zu tun, dafür aber mit Handwerk: Zwischen Kunstpelz und Modeschmuck finden Sie mehrere Nischen mit liebevoll gemachten Strickwaren – nicht nur Mützen, Schals und Handschuhe, sondern auch Stolen, Stulpen und Ponchos. Russen wissen eben, wie man sich warm anzieht.

4 DICHTER- UND BÜRGERQUARTIERE

START: 1 Dreifaltigkeitsbrücke
ZIEL: 10 Galerija Kyrilla Danelija

Strecke:
8 km

½ Tag
reine Gehzeit
2 Stunden

KOSTEN: 3 **Zoologisches Museum** Eintritt ca. 2,50, 8 **Gorki-Museum** Fotoerlaubnis ca. 1,25, 5 **Velobike** Leihgebühr ca. 3,75 Euro

ACHTUNG: Laden Sie vor dem Start die App von 5 **Velobike** *(velobike.ru/en)* auf Ihr Handy.

Auf diesen Wegen gingen einst Dichter wie Puschkin, Tschechow und Gorki spazieren. Der Bummel durch zwei schöne alte Moskauer Stadtviertel könnte sich an eine Kremlbesichtigung anschließen. Unterwegs finden Sie gute Cafés zum Ausspannen und eine Galerie zum Stöbern in Dingen, die schon die russischen Literaten erfreut haben könnten.

10:00 **Vom Haupteingang des Kreml aus, der ❶ Dreifaltigkeitsbrücke, unterqueren Sie die Mochowaja Uliza und betreten die Wosdwischenka Uliza.** Linker Hand steht das **❷ Dostojewski-Denkmal**. In Stein gehauen sitzt der Dichter grübelnd vor der Russischen Staatsbibliothek, der weltweit zweitgrößten ihrer Art. **Sie biegen rechts ab in den engen, düsteren Romanow Pereulok, in dem Stalins Militärelite wohnte.** Schwere Gedenktafeln für Minister, Sowjetfunktionäre, Ingenieure und andere Granden erinnern an diese Epoche. **An der Bolschaja Nikitskaja Uliza wird es wieder heller.** Rechts ist der Kreml zu sehen, direkt gegenüber sehen Sie das blau gestrichene **❸ Zoologische Museum** *(Di, Mi, Fr–So 10–17, Do 13–21, letzter Di im Monat geschl. | Bolschaja Nikitskaja 6 | zmmu.msu.ru/en)*. Schauen Sie hinein und sagen Sie dem Mammutskelett Hallo, das dort etwas beengt im Treppenhaus steht. Von moderner Museumspädagogik ist diese Einrichtung zwar noch unbeleckt, aber Sie können hier ausgestopfte Bären bestaunen oder sich vor in Formaldehyd konservierten Kleintieren gruseln.

Russlands Literaturikone Fjodor Dostojewski

11:30 **Anschließend bummeln Sie, den Kreml im Rücken, die ❹ Nikitskaja hinauf.** Wenn zur Linken das **Konservatoriums → S. 93** mit dem Tschaikowski-Denkmal liegt, nehmen Sie sich einen Moment Zeit und stellen Sie sich vor den Haupteingang (und damit hinter den Rücken der Statue) für ein kurzes Privatkonzert: Aus irgendeinem Fenster der drei Gebäudeflügel erklingt immer Gesang oder Instrumentalmusik eines Konservatoriumsstudenten. Selbst im Winter sind die Chancen gut, denn russische Gebäude sind so notorisch überheizt, dass Lüf-

❶ Dreifaltigkeitsbrücke

❷ Dostojewski-Denkmal

❸ Zoologisches Museum

❹ Nikitskaja

ten zur Pflicht wird. Von den Cafés an dieser Straße sind zwei besonders empfehlenswert: Bei gutem Wetter sitzt man lauschig unter den großen Bäumen im Innenhof der Vinothek INSIDER TIPP **Prostije Weschtschi** *(Bolschaja Nikitskaja 14/2 | gastroteka.ru)* bei einer russischen Bruschetta-Variante mit eingelegtem Fisch, Apfel und Körnersenf. Bei Regen, Wind oder Kälte gehen Sie wenige Häuser weiter eine Treppe herab ins Café **Rezeptor** *(Bolschaja Nikitskaja 22/2 | cafereceptor.ru)*, zu dessen Angebot Udonnudeln mit Krabben und Spinat-Mango-Salat gehören.

13:00 **Die Nikitskaja stößt an der Zentrale der staatlichen Nachrichtenagentur Itar-Tass auf den**

Boulevardring. Hier finden Sie eine Verleihstelle von **5 Velobike**. **Leihen Sie sich ein Fahrrad aus und radeln Sie nach Nordosten (also rechts von Ihrer bisherigen Laufrichtung) ein Stück den Ring entlang, am besten auf dessen verkehrsfreiem Mittelstreifen.** Moskaus Stadtmarketing lässt sich hier regelmäßig neue Aktionen einfallen, von großformatigen Fotoausstellungen im Sommer bis hin zu spektakulären, teils begehbaren Lichtinstallationen, die gegen Winterfrust helfen sollen. Aber eigentlich ist schon der **6 Boulevardring** → S. 40 mit seinen alten, Schatten spendenden Bäumen und der verhältnismäßigen Ruhe im Moskauer Straßenverkehr Attraktion genug. **An der Petrowka Uliza halten Sie sich links** und erreichen den **7 Ermitage-Garten**. Suchen Sie sich eine Bank, atmen Sie durch und hören Sie einem der Musiker zu, die in dem kleinen Pavillion auftreten. Klassik, Jazz, Pop, Volksmusik – das Programm variiert. **Fahren Sie anschließend zurück und geben Sie Ihr Rad wieder ab**.

14:30 **Überqueren Sie den Ring und biegen Sie rechts in die Uliza Spiridonowka ab. Der Besuch im 8 Gorki-Museum** → S. 51 an der Ecke lohnt sich vor allem, wenn Sie sich für Jugendstilarchitektur interessieren. Denken Sie dran, am Eingang eine Fotoerlaubnis zu kaufen, ziehen Sie die obligatorischen Plastikhüllen über die Schuhe und schlurfen Sie durch das Zuhause des großen Autors. Besonders lohnt der Blick auf das massive Treppengeländer aus Stein, das mit seinen Anleihen aus der Pflanzenwelt fast selbst wie ein Lebewesen wirkt.

Anschließend gelangen Sie, vorbei am Denkmal des Poeten Alexander Blok, nach rechts auf einen schmalen Fußweg, der Sie zur Malaja Bronnaja Uliza bringt. Folgen Sie dieser belebten Straße, bis Sie den 9 Patriarchenteich → S. 53 erreichen, den Mittelpunkt dieses inzwischen weitgehend gentrifizierten Viertels. Flanieren Sie eine Runde um den Teich – vielleicht entdecken Sie ja das Verkehrsschild mit drei Figuren aus Bulgakows „Der Meister und Margarita", das davor warnt, mit Fremden zu sprechen. Zum Abschluss stöbern Sie an der Nordostseite des Teichs noch ein wenig in der **10 Galerija Kyrilla Danelija** *(Malaja Bronnaja 36 | fcg.ru)* zwischen chinesischen Pferdestatuen, Zeichnungen von Samurais in voller Kampfmontur und Buddhas aller Art.

5 Velobike

6 Boulevardring

7 Ermitage-Garten

8 Gorki-Museum

9 Patriarchenteich

10 Galerija Kyrilla Danelija

MIT KINDERN UNTERWEGS

EXPERIMENTANIUM (144 C3) (*🕮 0*)
Wie entsteht Dampf und wie kommt der Strom aus der Steckdose? An mehr als 300 interaktiven Stationen erleben Kinder im Experimentanium Naturphänomene. Anfassen und Ausprobieren erlaubt! Zudem gibt es einen Hörsaal und ein Labor, in dem Kinder unter Anleitung selbst Versuche vornehmen können. Nur auf Russisch. *Mo–Fr 9.30–19, Sa/So 10–20 Uhr | Eintritt Mo–Fr 350, Sa/So 450 Rubel für Kinder, Erwachsene je 100 Rubel mehr | Leningradskij Prospekt 80/11 | Tel. 495 7893658 | www.experimentanium.ru | Metro 2 Sokol*

FILJOWSKI-PARK (U A3) (*🕮 0*)
Der „Fili", wie die Moskowiter ihn nennen, ist genau der richtige Ort, um mit Kindern dem Großstadtdschungel für einige Stunden zu entfliehen. Außer vielen Spielplätzen bietet der Park neue Radwege, INSIDER TIPP einen Strand und ein Schwimmbecken direkt an der Moskwa. *Uliza Bolschaja Filowskaja 32 | Metro 4 Filjowski Park*

KARTODROM PILOT (145 D3) (*🕮 0*)
968 m lang ist diese Kart-Rennstrecke. Während der Nachwuchs auf 5,5-PS-Karts seine Runden dreht, können Sie auf der Tribüne oder im Restaurant sitzen – oder sich selbst hinters Steuer setzen. Schutzanzug, Helm und Handschuhe sind im Preis inbegriffen, ein Intensivkursus kostet extra. *Tgl. 11–23 Uhr | Fahrten ab 500 Rubel/10 Min. | Proesd Schokalskogo 52 | Tel. 925 7722589 | www.ruskart.ru | Metro 6 Medwedkowo*

KATZENTHEATER (TEATR KOSCHEK) (U B3) (*🕮 0*)
Hier hätten die Katzen den Dompteur dressiert, weil es andersherum nicht gehe, behauptet Direktor Kuklatschow. Das abwechslungsreiche Programm wird von einem Dutzend Katzen, Clowns und einem Hund bestritten. Das Theaterbüro ist täglich von 11 bis 18 Uhr geöffnet. *Eintritt ab 1000 Rubel | Kutusowski Prospekt 25 | Tel. 499 2434005 | www.kuklachev.ru | Metro 4 Kutusowskaja*

KINDERCLUB ARLEKINO (DETSKI KLUB ARLEKINO) (143 D3) (*🕮 K12*)
Kinder bis 13 Jahre können sich hier mit und ohne Eltern vergnügen. Für Betreuung ist gesorgt, egal, ob die Kleinen die bunte Spiellandschaft entdecken, sich schrecklich-schön bemalen lassen oder als Harry Potter verkleiden wollen. Jeden Tag gibt es Puppentheater, zudem treten

Moskau ist noch immer kein Kinderparadies, aber inzwischen gibt es schon ein paar interessante Ausflugsmöglichkeiten

Clowns und Zirkusartisten auf. Mitmachprogramme aller Art sorgen für gute Laune. Gesprochen wird Russisch. Eintritt für Kinder kostet 400, am Freitag und am Wochenende 600 Rubel. Erwachsene Begleitpersonen zahlen 50 Rubel. *Mo–Fr 13–22, Sa/So 12–22 Uhr | Werchnjaja Radischtschewskaja Uliza 19/3 | Tel. 495 9151106 | www.arlecino.com | Metro 5, 7 Taganskaja*

NIKULIN-ZIRKUS (ZIRK NIKULINA) ●
(137 F3) (*🕮 G7*)

Wer hier in einer der ersten Reihen sitzt, kann sich gute Chancen ausrechnen, bei den lustigen Clowns mitmachen zu dürfen. Benannt ist der älteste Zirkus der Stadt, der 1880 gegründet wurde, nach Juri Nikulin, dem beliebtesten Clown Russlands. *Kartenverkauf Mo–Fr 11–14 u. 15–19 Uhr, an Vorstellungstagen ist die Mittagspause auf 12.30–13.30 Uhr verkürzt | Eintritt ab 400 Rubel | Zwetnoi Bulwar 13 | Tel. 495 6258970 | www.circusnikulin.ru | Metro 9 Zwetnoi Bulwar*

SOKOLNIKI-PARK
(U D–E1) (*🕮 L–M 1–3*)

Im Sommer wird der Park im Nordosten der Stadt zur riesigen Inlineskate- und Fahrradbahn. Im Winter wird eine große Eisbahn aufgebaut. Es gibt einen Hochseilgarten, ein Fußballfeld und ein Schwimmbad. Jungen und Mädchen ab anderthalb Jahren können im *Haus der Kinderkunst* tanzen, singen und musizieren. In russischer Sprache. *Rund um die Uhr geöffnet | Sokolnitscheski Wal 1/1 | Metro 1 Sokolniki*

ZOO ● (136 B5) (*🕮 C–D 8–9*)

Das Affenhaus, die Eisbärenjungen und das Nachttierquartier sind sehr sehenswert – insgesamt 7000 Tiere sind zu entdecken. *Im Sommer tgl. 10–21, ansonsten von 10–17 oder 18 Uhr, je nach Einbruch der Dunkelheit | Mo–Fr 400 Rubel, Sa/So 500, für Kinder Eintritt frei | Uliza Bolschaja Grusinskaja 1 | www.moscowzoo.ru | Metro 5, 7 Krasnopresnenskaja, Barrikadnaja*

EVENTS, FESTE & MEHR

Gefeiert wird in Moskau oft, gern und lange: Die Festivitäten zum Jahreswechsel beginnen Mitte Dezember und enden am 13. Januar, dem Neujahrstag nach dem russisch-orthodoxen Kirchenkalender.

Nach und nach werden auch alte Traditionen wiederbelebt. Vor der Fastenzeit wird die russische Karnevalswoche gefeiert. Und auch Feiertage aus Sowjetzeiten haben nach wie vor ihren Platz im Festekalender. Zwischen dem 1. und dem 9. Mai muss werktags zwar offiziell gearbeitet werden, inoffiziell hält sich aber kaum jemand daran.

An offiziellen Feiertagen bleiben Ämter und Behörden geschlossen; Museen und Geschäfte haben nach eigenem Ermessen geöffnet. Fällt ein arbeitsfreier Tag auf einen Samstag oder Sonntag, verschiebt sich der Feiertag automatisch auf den nachfolgenden Montag.

VERANSTALTUNGEN

JANUAR

INSIDER TIPP ***Täuferfest:*** Am 19. Jan. Massen-Eisbaden mit Kirchensegen in vielen Parks

Am 25. Jan., dem ***Studententag,*** steigen Feten in allen Unis.

ENDE FEBRUAR/ANFANG MÄRZ

Butterwoche*:* Karneval wird auch in Moskau vor der Fastenzeit gefeiert; mit Bliny-Festessen, Umzügen, Folklore und Troika-Fahrten in Kolomenskoje

MÄRZ–APRIL

Theaterfestival ***Goldene Maske*** *(www.goldenmask.ru):* Opern-, Ballett- und Schauspieltruppen aus ganz Russland spielen auf allen Bühnen der Hauptstadt.

Russian Fashion Week *(www.rfw.ru):* Die Modemesse vereint russische und internationale Designer.

MAI

Tschechow-Theaterfest *(www.chekhovfest. ru):* Eine russisch-britische Kooperation mit lauter Aufführungen bis in den Herbst hinein

9. MAI

Der ***Tag des Sieges*** wird auf dem Roten Platz mit einer Militärparade gefeiert. Außerdem INSIDER TIPP Kriegsveteranentreffen und Tanz auf zentralen Plätzen

JUNI

Internationales Moskauer Filmfestival *(www.moscowfilmfestival.ru):* wird von Jahr zu Jahr internationaler

Religiöse Feiertage, Traditionen aus Sowjetzeiten, internationale Festivals: Die Moskauer Festemischung ist so bunt wie nie

***Taste of Moscow (Taste of Moscow)**:* drei Tage durch die Ideen von Moskaus besten Köchen futtern

JULI

INSIDER TIPP ***Afisha-Picknick** (Afisha-Picknick):* zum Monatsende ein ganzer Tag Livemusik im Park von Kolomenskoje, zuletzt kamen Hot Chip, The Horrors und Jamiroquai

SEPTEMBER

Internationales Militärmusikfestival auf dem Roten Platz, mit Marschmusik, aber auch Pop und großem Feuerwerk

OKTOBER

INSIDER TIPP ***Lichtfest**:* Buntes Bolschoi, leuchtender Fernsehturm – den Spätherbst erhellen kunstvolle Projektionen an Moskauer Sehenswürdigkeiten

NOVEMBER

***Internationale Moskauer Buchmesse** (www.moscowbookfair.ru):* Forum für neue Literatur und antiquarische Bände zum Stöbern

FEIERTAGE

31. Dez./1. Jan.	Silvester/ Neujahr
7. Jan.	Weihnachten (orthodox)
23. Feb.	Tag des Vaterlandsverteidigers
8. März	Internationaler Frauentag
März/April	Ostersonntag
1. Mai	Tag des Frühlings/ Tag der Arbeit
9. Mai	Tag des Sieges
12. Juni	Tag Russlands – 1991 erklärte sich Russland für unabhängig
22. Aug.	Tag der Flagge
4. Nov.	Tag der Volkseinheit

LINKS, BLOGS, APPS & CO.

LINKS & BLOGS

www.moscowgreeter.ru Seit 2010 bietet diese Gruppe kostenlose Stadtspaziergänge für Touristen an. Meist sind es Sprachstudenten, die ehrenamtlich Gästen ihre Stadt näherbringen (Sprache: Englisch)

www.marcopolo.de/moskau Interaktive Karten inklusive Planungsfunktion, Impressionen aus der Community, aktuelle News und Angebote ...

www.weheart.moscow Festivals, Ausstellungen, Konzerte – auf dieser Seite geben Moskauer Besuchern Tipps, was sich in ihrer Stadt tut. Nützlich auch für Hinweise auf Metro- oder Straßensperrungen (Sprache: Englisch)

afisha.ru Die beste Terminseite für alles, was sich in Moskau tut. Nur auf Russisch, aber den Aufwand wert, sie sich im Browser übersetzen zu lassen

Instagram.com/fluteric Erik Schachnasarjan, Solo-Flötist am Bolschoi, postet sehenswerte Fotos von Moskauer Architektur. Zum Vorfreuen und Zurücksehnen

short.travel/mos1 Hier gibt es monatliche Tipps fürs Kulturprogramm abseits der großen Sehenswürdigkeiten und dazu hintergründige Porträts der Moskauer Stadtbezirke

www.englishrussia.com Mit einem Design in Sowjetästhetik liefert die englischsprachige Site ein tägliches Best Of skurriler Alltagsbilder aus Russland

short.travel/mos2 Schaschlik auf der Datsche, Sauerampfersuppe und die perfekten Pfannkuchen für die orthodoxe Fastenzeit. Foodbloggerin Jennifer Eremeeva postet Rezepte und Einkaufstipps (Sprache: Englisch)

www.kscheib.de Moskauer Alltagserlebnisse und Fotos der MARCO POLO Autorin, von Putin-Devotionalien bis zu den Besonderheiten russischer Supermärkte

Egal, ob für Ihre Reisevorbereitung oder vor Ort: Diese Adressen bereichern Ihren Urlaub. Da manche sehr lang sind, führt Sie der short.travel-Code direkt auf die beschriebenen Websites. Falls bei der Eingabe der Codes eine Fehlermeldung erscheint, könnte das an Ihren Einstellungen zum anonymen Surfen liegen

VIDEOS & MUSIK

short.travel/mos3 Tausende in Moskau lebende Ausländer helfen einander bei Fragen zum Alltag. Kurze Nachricht an den Gruppen-Admin, und er nimmt neue Mitglieder auf

short.travel/mos4 Seltene Farbaufnahmen aus einer englischen Wochenschau zeigen Moskau im Jahr 1965

short.travel/mos5 Couchsurfing in Moskau – drei Gastgeber bringen einem deutschen Reisenden ihre Stadt nah

short.travel/mos6 Am Dreikönigstag gehört für gläubige Russen das Eistauchen zum Pflichtprogramm – mit geistlicher Begleitung

short.travel/mos7 Mit diesen kleinen Lektionen geht Ihnen die russische Sprache ganz schnell ins Ohr

short.travel/mos8 Jeden Wochentag ein einordnender Blick auf die russische Politik, als Podcast (Sprache: Englisch)

APPS

Gett Die App zeigt auf einem Stadtplan an, wo das nächste Taxi in Ihrer Nähe ist. Nach der Tour können Sie Ihren Fahrer bewerten. Günstige Tarife (Sprache: Englisch)

Archanoid Ein schlichtes Spiel mit viel Hintergrund: Es erzählt die Geschichte der historischen Gebäude, die dem Moskauer Neubauwahn der vergangenen Jahre zum Opfer fielen (Sprache: Englisch)

Metropolitan Der interaktive Metroplan hilft bei der Orientierung und findet den besten Weg von A nach B (Sprache: Englisch)

Google Translate Inzwischen so ausgereift, dass die App für Sie nicht nur eingetippte Wörter übersetzen kann, sondern auch Texte, auf die Sie Ihre Handykamera halten

Memrise Wer vor der Reise das kyrillische Alphabet lernen will, dem helfen hier schräge und darum höchst effektive Eselsbrücken (Sprache: Englisch)

PRAKTISCHE HINWEISE

ANREISE

Die internationalen Züge aus Berlin und Warschau kommen am Weißrussischen Bahnhof *(Belorusski Woksal)* an. Die Fahrt von Berlin dauert ca. 24 Stunden und kostet hin und zurück im Schlafwagen ab 250 Euro *(www.gleisnost.de)*. Das notwendige Transitvisum für Weißrussland können Sie für 30 Euro aufwärts erhalten *(www.pro-visa.net, www.vostok.de)*.

Reisebusse brauchen für die Strecke Berlin–Moskau rund 36 Stunden. Die Fahrt für Hin- und Rückweg kostet insgesamt etwa 210 Euro *(www.touring.de)*. Zusätzlich fallen jedoch noch die Gebühren für das weißrussische Transitvisum an.

Hin- und Rückflug nach Moskau sind ab etwa 180 Euro zu haben. Nach max. 3,5 Stunden landen Sie. Alle drei Passagierflughäfen sind gründlich modernisiert worden und haben eine gute Schienenanbindung. Nach 40 Min. Fahrzeit im „Aeroexpress" sind Sie im Zentrum Moskaus. Die einfache Fahrt kostet 420, Business-Class-Tickets 1000 Rubel. Von Domodedowo aus kommen Sie am Pawelezker, von Wnukowo aus am Kiewer und von Scheremetjewo aus am Belarusski-Bahnhof an. Von dort geht es gut mit der Metro weiter. Bei viel Gepäck empfiehlt sich ein Taxi *(Kosten ca. 40 Euro)*. Bestellen Sie es gleich in der Ankunftshalle am Serviceschalter. Wegen des Dauerstaus müssen Sie mit der doppelten oder dreifachen Fahrtzeit ins Zentrum rechnen. Nicht viel schneller, aber deutlich billiger sind die Linientaxen „Marschrutka", die für etwa 150 Rubel *(3 Euro)* bis zur nächsten Metrostation fahren. Haben Sie die Möglichkeit, schon vorab ein Taxi zu buchen, holt Sie die Firma *Marteks (www.zz.ru)* für etwa 1500 Rubel *(rund 25 Euro)* ab. Die Marteks-Fahrer warten mit einem Namensschild im Ankunftsbereich.

GRÜN & FAIR REISEN

Auf Reisen können auch Sie viel bewirken. Behalten Sie nicht nur die CO_2-Bilanz für Hin- und Rückreise im Hinterkopf *(www.atmosfair.de; de.myclimate.org)* – etwa indem Sie Ihre Route umweltgerecht planen *(www.routerank.com)* – , sondern achten Sie auch Natur und Kultur im Reiseland *(www.gate-tourismus.de; www.ecotrans.de)*. Gerade als Tourist ist es wichtig, auf Aspekte wie Naturschutz *(www.nabu.de; www.wwf.de)*, regionale Produkte, wenig Autofahren, Wassersparen und vieles mehr zu achten. Wenn Sie mehr über ökologischen Tourismus erfahren wollen: europaweit *www.oete.de*; weltweit *www.germanwatch.org*

AUSKUNFT VOR DER REISE

RUSSISCHE BOTSCHAFT BERLIN

Unter den Linden 63–65 | 10117 Berlin | Tel. 030 2291110 | www.russische-botschaft.de

GENERALKONSULATE RUSSLANDS IN DEUTSCHLAND

– Bonn (Mo–Fr 8.30–13.30 Uhr | Waldstr. 42 | 53177 Bonn | Tel. 0228 38679-30, 0228 38679-31 | www.ruskonsulatbonn.de)

– Frankfurt am Main (Mo–Fr 9–13 Uhr | Eschenheimer Anlage 33/34 | 60318

Von Anreise bis Zoll

Urlaub von Anfang bis Ende: die wichtigsten Adressen und Informationen für Ihre Moskaureise

Frankfurt am Main | Tel. 069 4 30 08 26 11 | www.ruskonsulatfrankfurt.de)
– Hamburg (Mo–Fr 9–12 Uhr | Am Feenteich 20 | 22085 Hamburg | Tel. 040 2 29 52 01, 040 2 29 53 01 | www.generalkonsulat-rus-hamburg.de)
– Leipzig (Mo–Fr 8.30–13 Uhr | Turmgutstr. 1 | 04155 Leipzig | Tel. 0341 5 85 18 76, 0341 5 90 29 23 | www.ruskonsulatleipzig.de)
– München (Mo–Fr 9–13 Uhr | Maria-Theresia-Str. 17 | 81675 München | Tel. 089 59 25 03 | www.ruskonsmchn.mid.ru)
Die Generalkonsulate haben an den russischen Feiertagen generell geschlossen.

RUSSISCHE BOTSCHAFT WIEN
Reisnerstr. 45–47 | 1030 Wien | Tel. 01 7 12 12 29 | www.rusemb.at

RUSSISCHES KONSULAT SALZBURG
Bürglsteinstr. 2 | 5020 Salzburg | Tel. 0662 62 41 84

RUSSISCHE BOTSCHAFT BERN
Brunnadernrain 37 | 3006 Bern | Tel. 031 3 52 05 66 | www.switzerland.mid.ru

Die Konsularabteilungen der russischen Botschaften haben ausschließlich vormittags geöffnet.

AUSKUNFT IN MOSKAU

TOURISTENPOLIZEI
Moskau hat weiterhin keine Touristen-Information. Theoretisch gibt es seit Ende 2014 eine neue Polizeieinheit: Die „Touristenpolizei" soll Besuchern helfen, sich in der Stadt zu orientieren. Tatsächlich aber kann man nach den Polizisten mit ihren extra antrainierten Sprach- und Ortskenntnissen lange suchen.

BANKEN & GELDWECHSEL

Im Zentrum gibt es an jeder Ecke Wechselstuben und Geldautomaten *(bankomat)*, oft auch in den Geschäften. An den Geldautomaten können Sie sowohl Dollar als auch Rubel abheben. Die Gebühr liegt zwischen 3,50 und 5 Euro – aber es kann auch deutlich mehr werden. Auch internationale Kredit- und Geldkarten werden in vielen Geschäften und den meisten Hotels akzeptiert.

BOOTSTOUREN

Die überdachten Boote der ● *Radisson-Flotte (www.radisson-cruise.ru)* starten täglich, auch im Winter, um 15, 17 und 20 Uhr (Sa/So auch 13 und 21 Uhr) vor dem *Hotel Ukraina* (140 A1) (*B10*). Eine Tour dauert 2,5 Stunden, kostet 900 Rubel und passiert u. a. das Neujungfrauenkloster, den Gorki-Park und den Kreml. Von dort geht es wieder zurück. Eine günstigere und kürzere Variante von 90 Minuten bietet die *Städtische Schiffsgesellschaft (450 Rubel | cck-ship.ru)* an. Die Boote verkehren von April bis Oktober von 11 bis 21 Uhr im 20-Minuten-Takt vom *Kiewer Bahnhof* (140 A3) (*B12*) bis zur Novospasskij-Brücke.

DIPLOMATISCHE VERTRETUNGEN

BOTSCHAFT DER BUNDESREPUBLIK DEUTSCHLAND
Hauptstelle (U B4) (*0*) *(Mosfilmowskaja Uliza 56 | Tel. 495 9 37 95 00 | www.moskau.diplo.de), Visa- und Konsularabteilung* (U A6) (*0*) *(Leninskij Prospekt 95a | Tel. 495 9 33 43 11)*

BOTSCHAFT DER REPUBLIK ÖSTERREICH
Hauptstelle (141 D3) (🕮 E12) *(Starokonjuschenny Pereulok 1 | Tel. 495 780 60 66 | www.aussenministerium.at/moskau), Visa- und Konsularabteilung* (140 C3) (🕮 D12) *(Bolschoj Lewschinski Pereulok 7 | Tel. 495 956 16 60)*

BOTSCHAFT DER SCHWEIZ
Hauptstelle (138 C4) (🕮 K8) *(Serpov Pereulok 6 | Tel. 495 258 38 30 | www.eda.admin.ch/moscow), Visa- und Konsularabteilung* (141 E3) (🕮 F12) *(Pretschistenskaja Nabereschnaja 31 | Tel. 499 766 96 80)*

WAS KOSTET WIE VIEL?

Kaffee	4 Euro *für einen Cappuccino im Café*
Wodka	5 Euro *für eine 0,5-l-Flasche*
Museum	3–8 Euro *für ein Ticket*
Souvenir	ab 10 Euro *für eine Matrjoschka*
Bliny	4 Euro *für eine Portion*
Metro	ca. 70 Cent *für eine Fahrkarte*

EINREISE

Visa stellen gegen Vorlage einer formgerechten Einladung oder Buchungsbestätigung und eines nach Reiseende noch sechs Monate gültigen Reisepasses die russischen Konsulate aus. Die Visabeschaffung wird von Reisebüros übernommen. In Moskau müssen Sie sich innerhalb von sieben Arbeitstagen registrieren. Meist machen das Hotel oder Gastgeber; Individualreisende können sich auch auf jedem Postamt registrieren lassen. Bei Einreise wird eine Migrationskarte ausgefüllt und abgestempelt, die bei der Ausreise wieder abzugeben ist.

FAHRRADVERLEIH

An rund 300 Stationen in Moskau stehen Mai–Okt. die Leihräder von ● *Velobike.* Die erste halbe Stunde ist kostenlos, bis zu zwei Stunden kosten 90 Rubel. Die leuchtend roten Räder können an jeder Station wieder abgestellt werden. Radfahrer registrieren sich unter *www.velobike.ru/en*, zahlen mit Kreditkarte und erhalten eine Pin, die die Schlösser an den Stationen öffnet. Für die Registrierung ist ein Handy nötig, für den Ausleih nicht. Auf der Homepage ist eine Karte mit der Verfügbarkeit an den Stationen abrufbar.

GESUNDHEIT

MEDIZINISCHE VERSORGUNG
European Medical Center (136 C5) (🕮 E9) *(24 Std. Bereitschaft | Spiridonewskij Pereulok 5/1 | Tel. 495 933 66 55 | www.emcmos.ru | Metro 7 Puschkinskaja)*

ZAHNÄRZTLICHE HILFE
German Dental Center (U E3) (🕮 0) *(Mo–Fr 9–21, Sa 9–15 Uhr | Wolotschajewskaja Uliza 2/1 | Tel. 495 737 44 66 | www.gdmc.ru | Metro 8 Ploschad Iljitscha)*

APOTHEKEN
Apotheken sind in Moskau im Zentrum auf Schritt und Tritt zu finden. Sie sind meist rund um die Uhr geöffnet. Viele Medikamente bekommen Sie rezeptfrei.

KARTENVORVERKAUF

Theater- und Konzertkarten bekommen Sie über das Servicebüro Ihres Hotels. Recht gute Chancen auf Eintrittskarten haben Sie auch eine halbe Stunde vor der Vorstellung vor den Theatern, wo Privatleute überzählige Tickets verkaufen.

KLEIDUNG

Frauen tun in Moskau gut daran, stets ein leichtes Tuch dabei zu haben. Dann müssen sie in Kirchen und Klöstern nicht auf die dort angebotenen Kopfbedeckungen zurückgreifen, die ungewaschen von einer Besucherin an die nächste weitergereicht werden. Ansonsten gilt für religiöse Stätten: Schultern bedeckt, für Männer lange Hosen.

ÖFFENTLICHE VERKEHRSMITTEL

Die Metro *(www.mosmetro.ru)* ist 6–1 Uhr das schnellste Verkehrsmittel. Im Berufsverkehr (8–10, 18–20 Uhr) ist sie allerdings immer hoffnungslos überfüllt. An der Kasse oder am Automaten (max. 2 Fahrten) im Vorraum der Stationen kaufen Sie Magnetkarten *(Einzelfahrt 50 Rubel)*, die an den Schranken an eine Kontaktfläche gehalten werden. Sobald das grüne Licht aufleuchtet, gehen Sie bitte zügig durch die Tore, sonst könnte Ihnen die Sperre an die Beine schlagen. Mit einem Ticket dürfen Sie beliebig lange fahren, solange Sie die Metro nicht verlassen. Es gibt auch Mehrfahrten-Karten zu kaufen. An einigen Knotenpukten der Metro kann die gleiche Station anders heißen, je nachdem, von wo Sie kommen. An der Twerskaja können Sie beispielsweise von der grünen in die lila Linie (Puschkinskaja) oder graue Linie (Tschechowskaja) umsteigen.

Moskauer Busse verkehren von 5 bis 2 Uhr. In Bus und Straßenbahn gibt es die Fahrkarten *(50 Rubel)* direkt beim Fahrer oder Schaffner.

ÖFFNUNGSZEITEN

Einheitliche Öffnungszeiten gibt es nicht. Lebensmittelläden haben meist 24 Std. geöffnet, andere Geschäfte 10–21 Uhr, Boutiquen machen oft erst um 11 Uhr auf. Kaufhäuser, Einkaufszentren, Boutiquen und Kioske schließen meist um 22 Uhr oder sind 24 Std. lang geöffnet. Märkte: *Mo–Sa 8–19, So 8–16 Uhr*

POST

Die russische Post gilt als sehr langsam und unzuverlässig. Ansichtskarten kaufen Sie am besten auf dem *Alten Arbat* (140–141 C–D2) *(D–E11)*. Eine Briefmarke für Post ins Ausland kostet 30 Rubel und kann nur auf den Postämtern gekauft werden, die in der Regel Mo–Fr 8–20, Sa 9–18, So 9–14 Uhr geöffnet haben. Briefkästen gibt es kaum. Sie sind genau wie die Postämter blau. Zentrale Filialen liegen z. B. am *Neuen Arbat* (141 D1) *(E10)* *(Nowij Arbat 2)* und nahe dem Kaufhaus GUM an der *Nikolskaja* (135 D2) *(H10)* *(Nikolskaja Uliza 7)*.

PREISE

Die Preise für Grundnahrungsmittel sind vergleichsweise niedrig, da die Moskauer mit einem Durchschnittseinkommen von etwa 800 Euro (Stand 2014) auskommen müssen. Alles andere ist aber meist mindestens so teuer wie in Westeuropa.

REISEWETTER

Wegen des Kontinentalklimas können die Winter mit bis zu minus 30 Grad sehr kalt werden. Die angenehmsten Monate sind Juni bis August mit warmem bis heißem Wetter. Unangenehm feuchtkalt können die Übergangsmonate sein.

SCHRIFT

Das russische Alphabet geht auf den Apostel Kyrill (826–886) zurück. Unter Peter dem Großen und nach der Revolution wurde es vereinfacht und umfasst heute 33 Schriftzeichen. Versuchen Sie es einmal (s. Kasten S. 130).

STADTRUNDFAHRT

Bei einer Pauschalreise ist meist eine Stadtrundfahrt inbegriffen. Individualreisende können Besichtigungstouren im Hotel buchen. Im Zentrum verkehren auch rote, doppelstöckige *Sightseeingbusse (Dez.–März Mo–Fr 10–17.50, Sa/So 10–19 Uhr, April–Nov. Mo–Fr 10–18, Sa/So 10–19 Uhr | www.hoponhopoff.ru)*, die an 18 Sehenswürdigkeiten in der City halten und Audioguides in deutscher Sprache anbieten. Mit einer Tageskarte (800 Rubel) kann man an jeder Haltestelle aus- und wieder zusteigen. Die 70-minütige Runde beginnt am *Roten Platz*.

TAXI

Die offiziellen Taxis sind oft knallgelb, aber nur selten frei. Wenn Sie am Straßenrand winken, halten aber auch viele Privatfahrer an, die mit Taxidiensten ihren Lebensunterhalt verdienen. Vor dem Einsteigen sollten Sie mit dem Fahrer Fahrtziel und Preis vereinbaren – und verzichten, falls er nicht allein im Auto sitzt. Für 10 Euro ist jedes Ziel im Zentrum erreichbar, wenn nicht gerade Stau ist. Versicherungsschutz gibt es in den Privatwagen natürlich nicht. Mit günstigen Festpreisen haben sich außerdem Taxi-Apps wie *GetTaxi* oder *Yandex Taxi* etabliert, auch *Uber* ist in Moskau präsent. Einige Hotels bieten einen Taxiservice an. Eine Alternative sind tagsüber die Linientaxis. Für

WETTER IN MOSKAU

	Jan.	Feb.	März	April	Mai	Juni	Juli	Aug.	Sept.	Okt.	Nov.	Dez.
Tagestemperaturen in °C	-7	-6	0	9	17	22	24	22	16	8	0	-5
Nachttemperaturen in °C	-14	-13	-8	0	6	11	13	12	7	1	-4	-10
Sonnenschein Stunden/Tag	1	2	4	5	8	9	9	7	4	2	2	1
Niederschlag Tage/Monat	8	7	8	7	8	9	11	11	10	9	9	8

 Sonnenschein Stunden/Tag Niederschlag Tage/Monat

20 bis 70 Rubel fahren die *Marschrutki* bestimmte Routen, halten aber auf Wunsch überall an.

TELEFON & HANDY

Moskau wird in zwei Vorwahlzonen eingeteilt. Für alle alten Telefonanschlüsse gilt *495,* für neue *499*. Vom russischen Festnetz aus wählen Sie noch die 8 vorweg und warten das Freizeichen ab. Wenn Sie mit Ihrem eigenen Handy innerhalb Moskaus telefonieren, wählen Sie *+7 495* bzw. *+7 499*. Die Vorwahl für Deutschland ist *+49* oder *8-1049*. Entsprechend für die Schweiz *+41* bzw. *8-1041* und Österreich *+43* und *8-1043*. Es gibt automatisches Roaming für alle westeuropäischen Netze.

TRINKGELD

In Lokalen erwartet man ein Trinkgeld von 10 bis 15 Prozent. Garderoben in Lokalen und Theatern sind kostenlos, die Garderobieren, oft Rentnerinnen, freuen sich aber über einen kleinen Obolus.

WECHSELGELD

Zehn- und Zwanzig-Euro-Scheine mögen in Deutschland alltagstauglich sein, ihre russischen Gegenstücke sind das dagegen nicht immer. Einige Taxifahrer können nicht einmal auf 500 Rubel herausgeben, Verkäuferinnen am Gebäckstand haben für 1000-Rubel-Scheine nur ein Kopfschütteln übrig. Es empfiehlt sich darum, große Scheine im Supermarkt zu benutzen, um so an kleinere zu kommen.

WLAN

Fast alle Cafés und Restaurants sowie auch immer mehr Metrolinien verfügen über kostenloses WLAN *(WiFi)*.

WÄHRUNGSRECHNER

€	RUB	RUB	€
2	145.28	10	0,14
3	217,91	50	0,69
5	363,19	125	1,72
7	508,46	375	5,16
10	726,38	500	6,88
25	1815,94	1200	16,51
50	3631,88	2000	27,51
75	5447,83	7500	103,16
150	10.895,66	13000	178,82

ZEIT

Seit einer Neuregelung 2014 ist Moskau Mitteleuropa im Sommer um eine und im Winter um zwei Stunden voraus.

ZEITUNGEN

In Hotels liegt oft gratis die englischsprachige „Moscow Times" aus. Zweimal im Monat erscheint außerdem die „Moskauer Deutsche Zeitung". Ausländische Zeitungen oder Zeitschriften sind selbst in renommierten Hotels mit internationaler Kundschaft eine Rarität.

ZOLL

Eine Zolldeklaration für Devisenimport muss nur noch ausgefüllt werden, wenn Sie mehr als 10 000 Dollar nach Russland einführen. Bei der Ausreise können Sie bis zu 10 000 Dollar ohne Deklaration mitnehmen. Antiquitäten und Kunstgegenstände dürfen nur mit Genehmigung des Kultusministeriums ausgeführt werden. Bei Rückkehr in die EU dürfen Sie insgesamt Waren im Wert von 300 Euro, 250 g Kaviar, 200 Zigaretten (oder 50 Zigarren oder 250 g Tabak) sowie 2 l Wein oder 1 l Spirituosen zollfrei einführen.

SPRACHFÜHRER RUSSISCH

AUSSPRACHE

Zur Erleichterung der Aussprache sind alle russischen Wörter mit einer einfachen Aussprache (in der mittleren Spalte) versehen. Die betonte Silbe ist im Russischen und in der Aussprache immer durch ein Akzentzeichen ´ markiert. Der Buchstabe „y" in der Aussprache wird wie ein „u" ausgesprochen, wobei die Lippen nicht gerundet, sondern wie beim „i" gespannt werden.

AUF EINEN BLICK

ja/nein/vielleicht	Да/нет/можетбыть	da/net/mozhet byt´
bitte/danke	Пожалуйста/спасибо	pozhalusta/spasibo
Entschuldigen Sie!	Извините!	Izwinitje!
Haben Sie ...?	У вас есть ...?	U was jest´ ...?
Wie viel kostet ...?	Сколько стоит ...?	Skol´ko stoit ...?
Das gefällt mir (nicht).	Это мне (не) нравится.	Eto mnje (ne) nrawica.
gut/schlecht	хорошо/плохо	horoscho/plocho
kaputt/funktioniert nicht	сломан/не работает	sloman/ne rabotajet
viel/wenig	много/мало	mnogo/malo
Hilfe!/Achtung!	На помощь!/Внимание!	Na pomoschtsch!/Wnimanije!
Krankenwagen	Скорая помощь	Skoraja pomoschtsch
Polizei/Feuerwehr	полиция/пожарники	Policija/pozharniki
Gefahr/gefährlich	опасность/опасно	opasnost´/opasno

BEGRÜSSUNG & ABSCHIED

Guten Morgen!/Tag!/ Abend!	Доброе утро!/Добрый день!/Добрый вечер!	Dobroje utro!/Dobryj den`!/ Dobryj wetscher!
Gute Nacht!	Спокойной ночи!	Spokojnoj notschi!
Hallo!/Auf Wiedersehen!	Привет!/До свидания!	Priwet!/Do swidanija!
Tschüss!	Пока!	Poka!
Ich heiße ...	Меня зовут ...	Menja sowut ...
Wie heißen Sie?	Как Вас зовут?	Kak was sowut?

DATUMS- & ZEITANGABEN

Montag/Dienstag	понедельник/вторник	ponedel´nik/vtornik
Mittwoch/Donnerstag	среда/четверг	sreda/tschetwerg
Freitag/Samstag	пятница/суббота	pjatniza/subbota

Ты говоришь по-русски?

„Sprichst du Russisch?" Dieser Sprachführer hilft Ihnen, die wichtigsten Wörter und Sätze auf Griechisch zu sagen

Sonntag	воскресенье	woskresenje
Feiertag	праздничный день	praznitschnyj den´
heute/morgen/gestern	сегодня/завтра/вчера	segodnja/zawtra/wtschera
Stunde/Minute	час/минута	tschas/minuta
Tag/Nacht/Woche	день/ночь/неделя	den´/notsch/nedelja
Wie viel Uhr ist es?	Который час?	Kotoryj tschas?

UNTERWEGS

offen/geschlossen	закрыто/открыто	zakryto/otkryto
Eingang/Ausgang	вход/выход	wchod/wychod
Abfahrt/Abflug/Ankunft	отъезд/отлёт/прибытие	otjezd/otljot/pribytije
Toiletten	туалет	tualet
(kein) Trinkwasser	(нет) питьевой воды	(net) pitjewoj wody
Wo ist ...?	Где находится ...?	Gdje nachodica...?
links/rechts	налево/направо	nalewo/naprawo
geradeaus/zurück	прямо/назад	prjamo/nasad
nah/weit	близко/далеко	blisko/daleko
Bus/Straßenbahn	автобус/трамвай	awtobus/tramwaj
U-Bahn/Taxi	метро/такси	metro/taxi
Bushaltestelle	автобусная остановка	awtobusnaja ostanowka
Taxistand	стоянка такси	stojanka taxi
Bahnhof/Hafen	вокзал/порт	woksal/port
Flughafen	аэропорт	aeroport
Fahrplan/Fahrschein	маршрут/билет	marschrut/bilet
Zug/Gleis	поезд/путь	popjezd/put´
Bahnsteig	платформа	platforma
Ich möchte ... mieten.	Я хочу взять напрокат.	Ja hotschu wzjat´ naprokat.
ein Boot/ein Fahrrad	лодку/велосипед	lodku/welosiped

ESSEN & TRINKEN

Reservieren Sie uns bitte für heute Abend einen Tisch für vier Personen.	Забронируйте нам пожалуйста сегодня на вечер стол на четыре человека.	Sabronirujte nam pozhalusta segodnja na wetscher stol na tschetyre tscheloweka.
Die Speisekarte, bitte.	Меню пожалуйста.	Menju pozhalusta.
Könnte ich bitte ... haben?	Вы не принесёте мне ...?	Wy ne prinesjote mne ...?
Vegetarier/Allergie	вегетарианец/ аллергия	wegetarianez/alergija
Ich möchte zahlen, bitte.	Я хочу заплатить.	Ja hotschu zaplati´.

EINKAUFEN

Ich möchte .../Ich suche ...	Я хочу .../Я ищу ...	Ja hotschu .../Ja ischtschu ...
Apotheke	аптека	apteka
Einkaufszentrum	торговый центр	torgowyj zentr
Kiosk	киоск	kiosk
teuer/billig/Preis	дорого/дёшево/цена	dorogo/döschewo/zena
mehr/weniger	больше/меньше	bol´sche/men´sche

ÜBERNACHTEN

Ich habe ein Zimmer reserviert.	У меня забронирован номер.	U menja sabronirowan nomer.
Haben Sie noch ...?	У вас есть ещё ...?	U was jest´ jeschtschjo ...?
Einzelzimmer	одноместный номер	odnomestnyj nomer

ALPHABET UND UMSCHRIFT

Kyrillischer Buchstabe		Transkription	Transliteration	Kyrillischer Buchstabe		Transkription	Transliteration
А	а	a		С	с	s	
Б	б	b		Т	т	t	
В	в	w	v	У	у	u	
Г	г	g		Ф	ф	f	
Д	д	d		Х	х	ch	h
Е	е	e/je		Ц	ц	z	
Е	е	jo		Ч	ч	tsch	č
Ж	ж	sch	ž	Ш	ш	sch	š
З	з	s	z	Щ	щ	schtsch	šč
И	и	i		Ъ	ъ		
Й	й	j			„harte“ Aussprache		
К	к	k		Ы	ы	y	
Л	л	l		Ь	ь		
М	м	m			„weiche“ Aussprache		
Н	и	n		Э	э	e	
О	о	o		Ю	ю	ju	
Р	р	r		Я	я	ja	
П	п	p					

In diesem Band finden Sie zwei Arten der Umschrift: Für den Text die lautgerechte Übertragung in das lateinische Alphabet; für die Karten die Transliteration, bei der im kyrillischen Alphabet das sogenannte Háček, sprich Hatschk (ein nach oben offener Winkel über dem Buchstaben), einen Zischlaut angibt.

Doppelzimmer	двухместный номер	dwuchmestnyj nomer
Frühstück/Halbpension	завтрак/полупансион	sawtrak/polupansion
Dusche/Bad	душ/ванна	dusch/wanna
Schlüssel/Zimmerkarte	ключ/карта-ключ	kljutsch/karta-kljutsch
Gepäck/Koffer	багаж/чемодан	bagazh/tschemodan

BANKEN & GELD

Bank/Geldautomat	банк/банкомат	bank/bankomat
Geheimzahl	пин код	pin code
Ich möchte ... wechseln.	Я хочу поменять …	Ja hotschu pomenjat´ ..
bar/Kreditkarte	наличные/кредитная карта	nalitschnyje/kreditnaja karta

GESUNDHEIT

Arzt/Zahnarzt/Kinderarzt	врач/зубной врач/ детский	wratsch/subnoj wratsch/ detskij wratsch
Krankenhaus/Notfallpraxis	больница/скорая помощь	bol´nica/skoraja pomoschtsch
Fieber/Schmerzen	температура/боли	temperatura/boli
Durchfall/Übelkeit	понос/тошнота	ponos/toschnota
Schmerzmittel	средство от боли	sredstwo ot boli

TELEKOMMUNIKATION & MEDIEN

Briefmarke	почтовая марка	potschtowaja marka
Telefonkarte fürs Festnetz	телефонная карта для стационарной сети.	telefonnja karta dlja stacionarnoj seti
Prepaidkarte fürs Handy	СИМ-карта для моего мобильника	SIM-karta dlja mojewo mobil´nika
Ladegerät	зарядное устройство	sarjadnoje ustrojstwo
WLAN	беспроводной интернет	besprowodnoj internet

ZAHLEN

0	ноль	nol´	10	десять	desjat´
1	один	odin	11	одиннадцать	odinadzat´
2	два	dwa	12	двенадцать	dwenadzat´
3	три	tri	20	двадцать	dwázat
4	четыре	tschetyre	50	пятьдесят	pidissját
5	пять	pjat´	100	сто	sto
6	шесть	schest´	200	двести	dwésti
7	семь	sem´	1000	тысяча	tysjatscha
8	восемь	wosem´	½	одна вторая	odna wtoraja
9	девять	dewjat´	¼	одна четвертая	odna tschetwörtaja

CITYATLAS

Verlauf der Erlebnistour „Perfekt im Überblick“
Verlauf der Erlebnistouren

Der Gesamtverlauf aller Touren ist auch in der herausnehmbaren Faltkarte eingetragen

 Bild: das Auferstehungstor am Roten Platz

Unterwegs in Moskau

Die Seiteneinteilung für den Cityatlas finden Sie auf dem hinteren Umschlag dieses Reiseführers

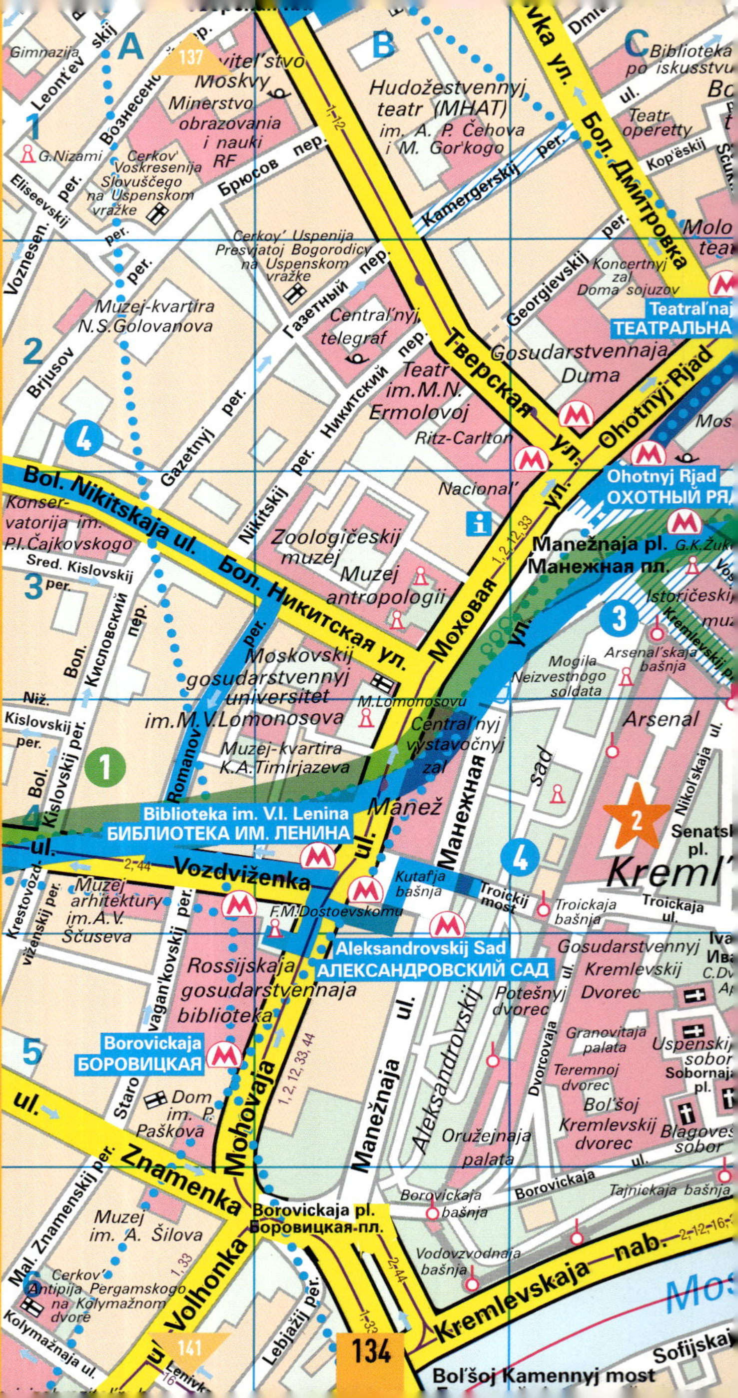
A
B
C
137
Gimnazija
Leont'ev
skij
Вознесенский пер.
Ministerstvo
Moskvy
Minerstvo obrazovania i nauki RF
Hudožestvennyj teatr (MHAT) im. A. P. Čehova i M. Gor'kogo
Biblioteka po iskusstvu
Teatr operetty
Kop'ëskij
Бол. Дмитровка
Kamergerskij per.
1
G.Nizami
Cerkov' Voskresenija Slovuščego na Uspenskom vražke
Eliseevskij per.
Брюсов пер.
Voznesen. per.
per.
Cerkov' Uspenija Presvjatoj Bogorodicy na Uspenskom vražke
Газетный пер.
Georgievskij per.
Koncertnyj zal Doma sojuzov
Molo teat
Teatral'naj
ТЕАТРАЛЬНА
Muzej-kvartira N.S.Golovanova
Central'nyj telegraf
Тверская ул.
Gosudarstvennaja Duma
2
Brjusov
Gazetnyj per.
Никитский пер.
Teatr im.M.N. Ermolovoj
Ohotnyj Rjad
Ritz-Carlton
4
Bol. Nikitskaja ul.
Nikitskij per.
Nacional'
Ohotnyj Rjad
ОХОТНЫЙ РЯ
Konservatorija im. P.I.Čajkovskogo
Zoologičeskij muzej
Manežnaja pl.
Манежная пл.
G.K.Žuk
Sred. Kislovskij per.
3
Muzej antropologii
Бол. Никитская ул.
Моховая ул.
Istoričeskij muz
Кисловский пер.
Вол.
3
Kremlevskij pr.
Arsenal'skaja bašnja
Moskovskij gosudarstvennyj universitet im.M.V.Lomonosova
Mogila Neizvestnogo soldata
Niž. Kislovskij per.
M.Lomonosovu
Central'nyj vystavočnyj zal
Arsenal
Muzej-kvartira K.A.Timirjazeva
Nikol'skaja ul.
sad
1
Romanov per.
Bol. Kislovskij per.
4
Manež
2
Biblioteka im. V.I. Lenina
БИБЛИОТЕКА ИМ. ЛЕНИНА
Senatsk pl.
ul.
Манежная ул.
Kreml'
Vozdviženka
4
Muzej arhitektury im.A.V. Ščuseva
Krestovozdviženskij per.
Kutaf'ja bašnja
Troickij most
Troickaja bašnja
Troickaja ul.
F.M.Dostoevskomu
Aleksandrovskij Sad
АЛЕКСАНДРОВСКИЙ САД
Gosudarstvennyj Kremlevskij Dvorec
Rossijskaja gosudarstvennaja biblioteka
Potešnyj dvorec
Vagan'kovskij per.
Aleksandrovskij
Granovitaja palata
Uspenskij sobor
Borovickaja
БОРОВИЦКАЯ
5
Sobornaja pl.
Teremnoj dvorec
ul.
Staro
Dom im. P. Paškova
Manežnaja ul.
Dvorcovaja ul.
Bol'šoj Kremlevskij dvorec
Blagoveš sobor
Mohovaja
Oružejnaja palata
Znamenka
Borovickaja bašnja
Borovickaja ul.
Tajnickaja bašnja
Mal. Znamenskij per.
Borovickaja pl.
Боровицкая пл.
Muzej im. A. Šilova
Vodovzvodnaja bašnja
Kremlevskaja nab.
6
Cerkov' Antipija Pergamskogo na Kolymažnom dvore
Volhonka
Lebjažij per.
Mos
141
Kolymažnaja ul.
Sofijskaj
Bol'šoj Kamennyj most

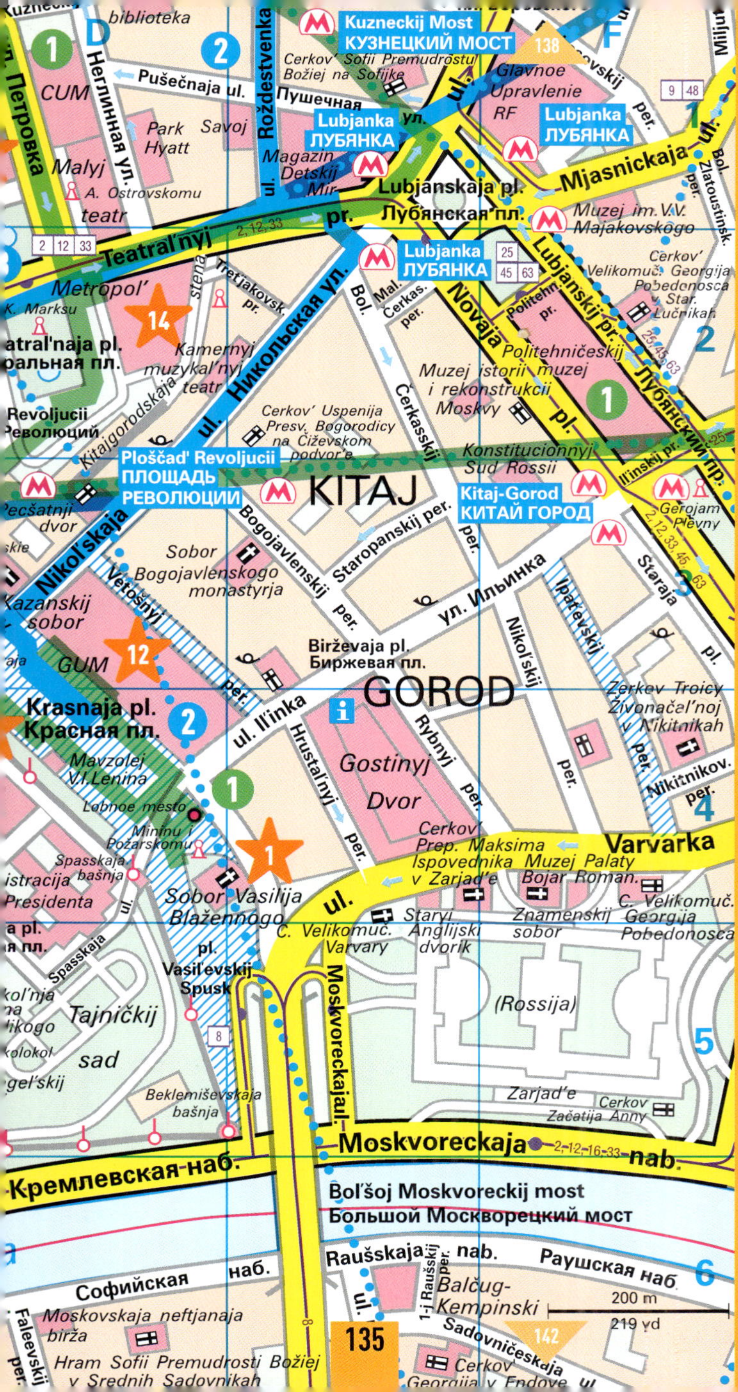
Kuzneckij Most
КУЗНЕЦКИЙ МОСТ
138
biblioteka
CUM
Петровка
Неглинная ул.
Pušečnaja ul.
Пушечная ул.
Roždestvenka
Cerkov' Sofii Premudrosti Božiej na Sofijke
Glavnoe Upravlenie RF
Lubjanka
ЛУБЯНКА
Park Hyatt
Savoj
Malyj teatr
A. Ostrovskomu
Magazin Detskij Mir
Lubjanskaja pl.
Лубянская пл.
Mjasnickaja ul.
Muzej im. V.V. Majakovskogo
Teatral'nyj pr.
Metropol'
K. Marksu
Tret'jakovsk. pr.
Никольская ул.
Bol. Čerkas. per.
Mal. Čerkas. per.
Novaja pl.
Lubjanskij pr.
Лубянский пр.
Politehn. pr.
Politehničeskij muzej
Cerkov' Velikomuč. Georgija Pobedonosca v Star. Lučnikah
Zlatoustinsk. per.
Teatral'naja pl.
Театральная пл.
Kamernyj muzykal'nyj teatr
Revoljucii
Революции
Kitajgorodskaja stena
Cerkov' Uspenija Presv. Bogorodicy na Čiževskom podvor'e
Muzej istorii i rekonstrukcii Moskvy
Čerkasskij per.
Konstitucionnyj Sud Rossii
Il'inskij pr.
Ploščad' Revoljucii
ПЛОЩАДЬ РЕВОЛЮЦИИ
KITAJ
GOROD
Kitaj-Gorod
КИТАЙ ГОРОД
Gerojam Plevny
Pečatnij dvor
Nikol'skaja
Kazanskij sobor
Sobor Bogojavlenskogo monastyrja
Bogojavlenskij per.
Staropanskij per.
ул. Ильинка
Ipat'evskij per.
Staraja pl.
Vetošnyj per.
GUM
Birževaja pl.
Биржевая пл.
Nikol'skij per.
Zerkov Troicy Živonačal'noj v Nikitnikah
Krasnaja pl.
Красная пл.
ul. Il'inka
Hrustal'nyj per.
Gostinyj Dvor
Rybnyj per.
Nikitnikov. per.
Mavzolej V.I. Lenina
Lobnoe mesto
Mininu i Požarskomu
Cerkov' Prep. Maksima Ispovednika v Zarjad'e
Muzej Palaty Bojar Roman.
Varvarka
Spasskaja bašnja
Prezidenta
Sobor Vasilija Blažennogo
Staryj Anglijskij dvorik
Znamenskij sobor
C. Velikomuč. Georgija Pobedonosca
C. Velikomuč. Varvary
Spasskaja
Vasil'evskij Spusk
Moskvoreckaja ul.
(Rossija)
Tajničkij sad
Beklemiševskaja bašnja
Zarjad'e
Cerkov Začatija Anny
Moskvoreckaja nab.
Кремлевская наб.
Bol'šoj Moskvoreckij most
Большой Москворецкий мост
Raušskaja nab.
Раушская наб.
Софийская наб.
1-j Raušskij per.
Balčug-Kempinski
200 m
219 yd
Moskovskaja neftjanaja birža
Faleevskij per.
Hram Sofii Premudrosti Božiej v Srednih Sadovnikah
Sadovničeskaja ul.
Cerkov' Georgija v Endove
142

A
B
C
1
2
3
4
5
6
BEGOVOJ
PRESNENSKIJ
Cyganskij teatr Romen
Dvorec sporta Kryl'ja Sovetov
Vnešekonombank
Promstrojbank
Leningradskij prosp.
ul. Pravdy
3. ul. Jamskogo Polja
1. ul. Jamskogo Polja
Skakovaja alleja
Skakovaja ul.
Скаковая ул.
Verhnjaja
Nižnjaja
Rossijskaja universal'no-stroitel'naja birža
Belorusskaja
БЕЛОРУССКАЯ
Belorusskij vokzal
Aeroexpress
Šeremet'evo
Tverskaja zastava
Тверская застава
Butyrskij Val
Novolesnaja
Novolesnoj per.
Prijutskij per.
2. Mosavtobirža
Lesnoj per.
4. Lesnoj per.
1. Lesnoj per.
Lesnaja ul.
Dom kul'tury
Miussk.
Aleksandra Nevskogo
2. Tverskaja-Jamskaja
1. Tverskaja-Jamskaja ul.
Brestskaja
2. Brestskaja
Bol. Kondrat'evskij
Gruzinskij Val
ul. Gruzinskij Val
Gruzinskij per.
Sred. Kondrat'evskij per.
Električeskij per.
ul. Пресненский Вал
Малая Грузинская ул.
Большая Грузинская ул.
Central'nyj Dom kino
Vasil'evskaja
Juliusa Fučika
Брестская
Mal. Tišinskij per.
Srednij Tišinskij per.
Bol. Tišinskij per.
Бол. Тишинский пер.
Tišinskaja pl.
Тишинская пл.
Tišinskij rynok
Krasina per.
ul. Krasina
ул. Красина
ul. Gašeka
Teatr
ul. Presnenskij Val
ul. Klimaškina
ул. Климашкина
Sobor Neporočnogo Začatija
Novopresnenskij per.
Muzej Al'pinizma
Šota Rustaveli
Зоологическая ул.
Rastorguevskij per.
Zoologičeskij per.
Dom-memorial muzeja Družby narodov
Biologičeskij muzej im. K. A. Timirjazeva
Stoljarnyj per.
Krasnopresnenskie Bani
Malaja Gruzinskaja
Volkov per.
Bol'šaja Gruzinskaja ul.
Zoologičeskaja ul.
NCCA
Gosud. Centr Sovremennogo iskusstva
Zoopark
Bol'n. im. Filatova
Birža Rossijskaja bumaga
Planetarij
Bol'šoj prud
Bol'n. Krasnaja Presnja
ul. Krasnaja Presnja
ул. Красная Пресня
Barrikadnaja
БАРРИКАДНАЯ
Barrikadnaja ul.
Sadovaja-Kudrinskaja ul.
Teatr Na Doskah
Ermolaevskij
Spiridonovka
Bol. Patriaršij
Dom-muzej A.P. Čehova
Granatnyj
Mal. Nikitskaja ul.
Bol. Nikitskaja
Klub-27
Kudrinskaja pl.
Кудринская пл.
Pl. Čajkovskogo
ul. Zamorenova
ул. Заморёнова
КРАСНОПРЕСНЕНСКАЯ
Krasnopresnenskaja
Predtečenskij
Muzej Krasnaja Presnja
Cerkov' Ioanna-Predteči
Bol'n.
Novovagan'kovskij per.
Trëhgornyj per.
Verh. Predtečenskij per.
Konjuškovskij
Vysotnoe zdanie
Kudrinskij per.
Novinskij Passaž
Mal. Konjuškovskij per.
Dom literatorov
Povarskaja
Skaterтnyj
Hlebnyj
Letučaja myš'
400 m
438 yd
Kapranova
Stadion Krasnaja Presnja
Presnenskij Park
Druzhinnikovskaja
Конюшковская ул.
Рочдельская ул.
U.S. Embassy
Muzej im. F.I. Šaljapina
Новинский бульвар
Nikolaeva
Krasnopresnenskaja
pl. Svobodnoj Rossii
Belij Dom
Cerkov' Devjat Mučenikov
Muzej-kvartira

140

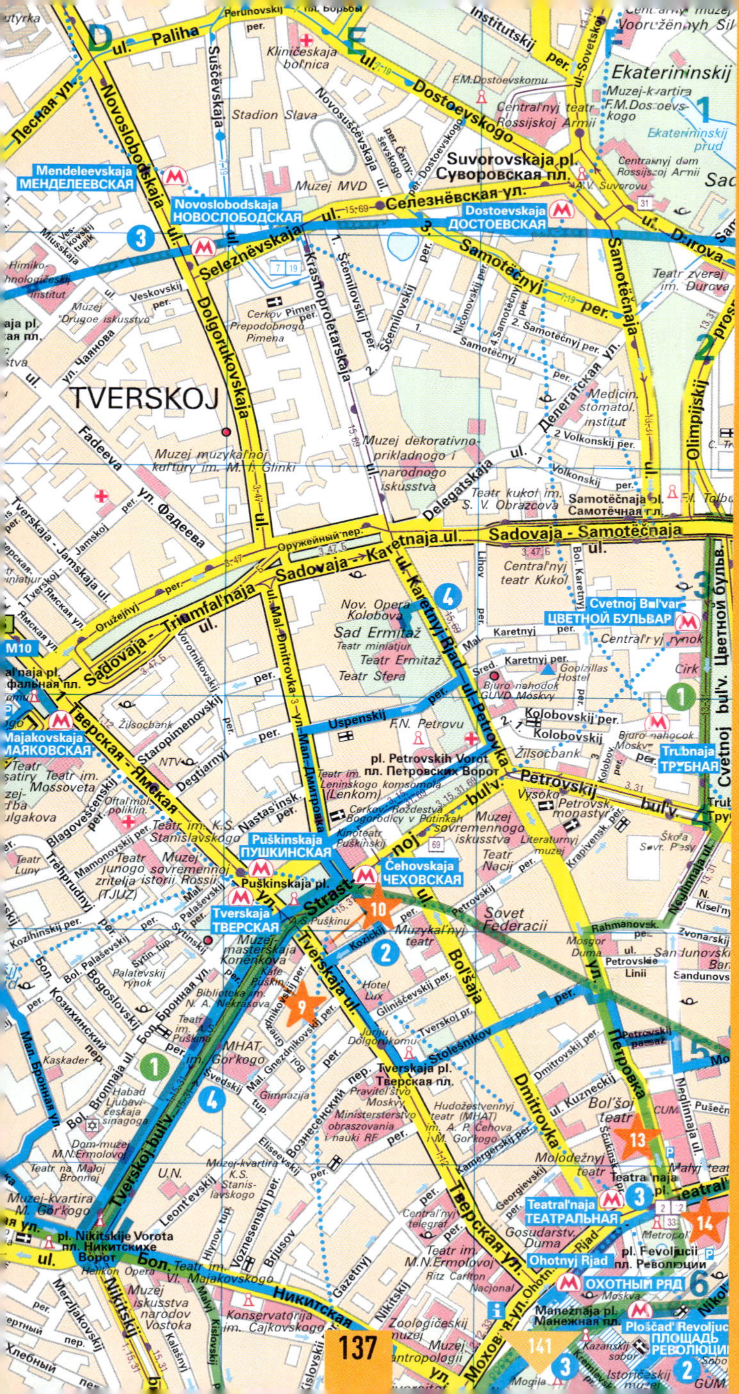

ul. Paliha
Perunovskij per.
Kliničeskaja bol'nica
Institutskij per.
ul. Sovetskoj
Vooružёnnyh Sil
ul. Dostoevskogo
F.M.Dostoevskomu
Central'nyj teatr Rossijskoj Armii
Ekaterininskij
Muzej-kvartira F.M.Dostoevskogo
Ekaterininskij prud
Лесная ул.
Novoslobodskaja ul.
Suščevskaja
Stadion Slava
Novosuščevskaja ul.
Suvorovskaja pl.
Суворовская пл.
A.V. Suvorovu
Central'nyj dom Rossijskoj Armii
Mendeleevskaja
МЕНДЕЛЕЕВСКАЯ
Muzej MVD
Селезнёвская ул.
Novoslobodskaja
НОВОСЛОБОДСКАЯ
Dostoevskaja
ДОСТОЕВСКАЯ
ul. Durova
Seleznёvskaja ul.
Samotёčnyj per.
Samotёčnaja
Teatr zverej im. Durova
Veskovskij per.
Krasnoproletarskaja
Šćemilovskij per.
Cerkov Pimena Prepodobnogo Pimena
Muzej "Drugoe iskusstvo"
2. Samotёčnyj per.
Samotёčnyj
ul. Čajanova
Delegatskaja ul.
Medicin. stomatol. institut
Olimpijskij prosp.
TVERSKOJ
Dolgorukovskaja
2 Volkonskij per.
1 Volkonskij per.
Fadeeva
ул. Фадеева
Muzej muzykal'noj kul'tury im. M. I. Glinki
Muzej dekorativno-prikladnogo i narodnogo iskusstva
Teatr kukol im. S. V. Obrazcova
Samotёčnaja pl.
Самотёчная пл.
Tverskaja-Jamskaja ul.
Jamskoj per.
Оружейный пер.
Sadovaja-Karetnaja ul.
Sadovaja-Samotёčnaja ul.
Central'nyj teatr Kukol
Bol. Karetnyj per.
Oružejnyj per.
Sadovaja-Triumfal'naja ul.
Vorotnikovskij per.
ul. Mal. Dmitrovka
Nov. Opera Kolobova
Sad Ermitaž
Teatr miniatjur
Teatr Ermitaž
Teatr Sfera
Karetnyj Rjad
ul. Petrovka
Mal. Karetnyj per.
Sred. Karetnyj per.
Goodzillas Hostel
Bjuro nahodok GUVD Moskvy
Cvetnoj Bul'var
ЦВЕТНОЙ БУЛЬВАР
Central'nyj rynok
Cirk
Cvetnoj bul'v.
Цветной бульв.
M10
Majakovskaja
МАЯКОВСКАЯ
Тверская-Ямская
Staropimenovskij per.
Žilsocbank
Degtjarnyj per.
NTV
Uspenskij per.
F.N. Petrovu
Kolobovskij per.
2. Kolobovskij
Bjuro nahodok Moskvy
Trubnaja
ТРУБНАЯ
Teatr Satiry
Teatr im. Mossoveta
Teatr im. Leninskogo komsomola (Lenkom)
pl. Petrovskih Vorot
пл. Петровских Ворот
Cerkov Roždestva Bogorodicy v Putinkah
Petrovskij bul'v.
Vysoko Petrovsk. monastyr'
Krapivensk. per.
Blagoveščenskij per.
Oftal'mol. poliklin.
Teatr im. K.S. Stanislavskogo
Nastas'insk. per.
Kinoteatr Puškinskij
Muzej sovremennogo iskusstva
Literaturnyj muzej
Teatr Nacij
Škola Sovr. Pesy
Puškinskaja
ПУШКИНСКАЯ
Čehovskaja
ЧЕХОВСКАЯ
Teatr Luny
Mamonovskij per.
Teatr junogo zritelja (TJUZ)
Muzej sovremennoj istorii Rossii
Puškinskaja pl.
Strastnoj
Tverskaja
ТВЕРСКАЯ
A.S.Puškinu
Neglinnaja ul.
N. Kisel'nyj
Sovet Federacii
Rahmanovsk. per.
Zvonarskij
Sandunovskie Bani
Kozihinskij per.
Sytinskij
Mal. Palaševskij
Bol. Palaševskij
Sytin tup.
Palatevskij rynok
Muzej-masterskaja Konёnkova
Kafe Puškin
Kozickij
Muzykal'nyj teatr
Bol'šaja
Mosgor Duma
Petrovskie Linii
Бол. Козихинский
Bogoslovskij
Bronnaja ul.
Biblioteka im. N. A. Nekrasova
Gnezdnikovskij per.
Tverskaja ul.
Hotel Lux
Gliniščevskij per.
Tverskoj pr.
Juriju Dolgorukomu
Stolešnikov
Petrovskij passaž
Dmitrovskij per.
Мал. Бронная ул.
Kaskader per.
Teatr im. A.S. Puškina
MHAT im. Gor'kogo
Švedskij tup.
Mal. Gnezdnikovskij per.
Gimnazija
Tverskaja pl.
Тверская пл.
Pravitel'stvo Moskvy
Ministerstvo obrazovanija i nauki RF
Hudožestvennyj teatr (MHAT) im. A. P. Čehova
im. M. Gor'kogo
Kamergerskij per.
ul. Kuzneckij
Bol'šoj teatr
Dmitrovka
Petrovka
CUM
Bol. Bronnaja ul.
Habad Ljubavičeskaja sinagoga
Dom-muzej M.N.Ermolovoj
Teatr na Maloj Bronnoj
Voznesenskij per.
Eliseevskij
Muzej-kvartira K.S. Stanislavskogo
U.N.
Leont'evskij
Tverskoj bul'v.
Molodёžnyj teatr
Teatral'naja pl.
Teatral'naja
ТЕАТРАЛЬНАЯ
Georgievskij per.
Central'nyj telegraf
Gosudarstv. Duma
Metropol'
Muzej-kvartira M. Gor'kogo
pl. Nikitskie Vorota
пл. Никитские Ворот
Hlynov tup.
Vozneesenskij per.
Brjusov
Gazetnyj
Teatr im. M.N.Ermolovoj
Ritz Carlton
Nacional
Тверская ул.
Ohotnyj Rjad
ОХОТНЫЙ РЯД
pl. Revoljucii
пл. Революции
Bol. Nikitskaja
Helikon Opera
Teatr im. Vl. Majakovskogo
Merzljakovskij per.
Muzej iskusstva narodov Vostoka
Konservatorija im. Čajkovskogo
Никитская
Nikitskij
Zoologičeskij muzej
Muzej antropologii
Моховая ул.
Manežnaja pl.
Манежная пл.
Moskva
Ploščad' Revoljucii
ПЛОЩАДЬ РЕВОЛЮЦИИ
Kazanskij sobor
Istoričeskij muzej
Mogila
GUM
Хлебный пер.
Kalašnyj
Kislovskij
137
141

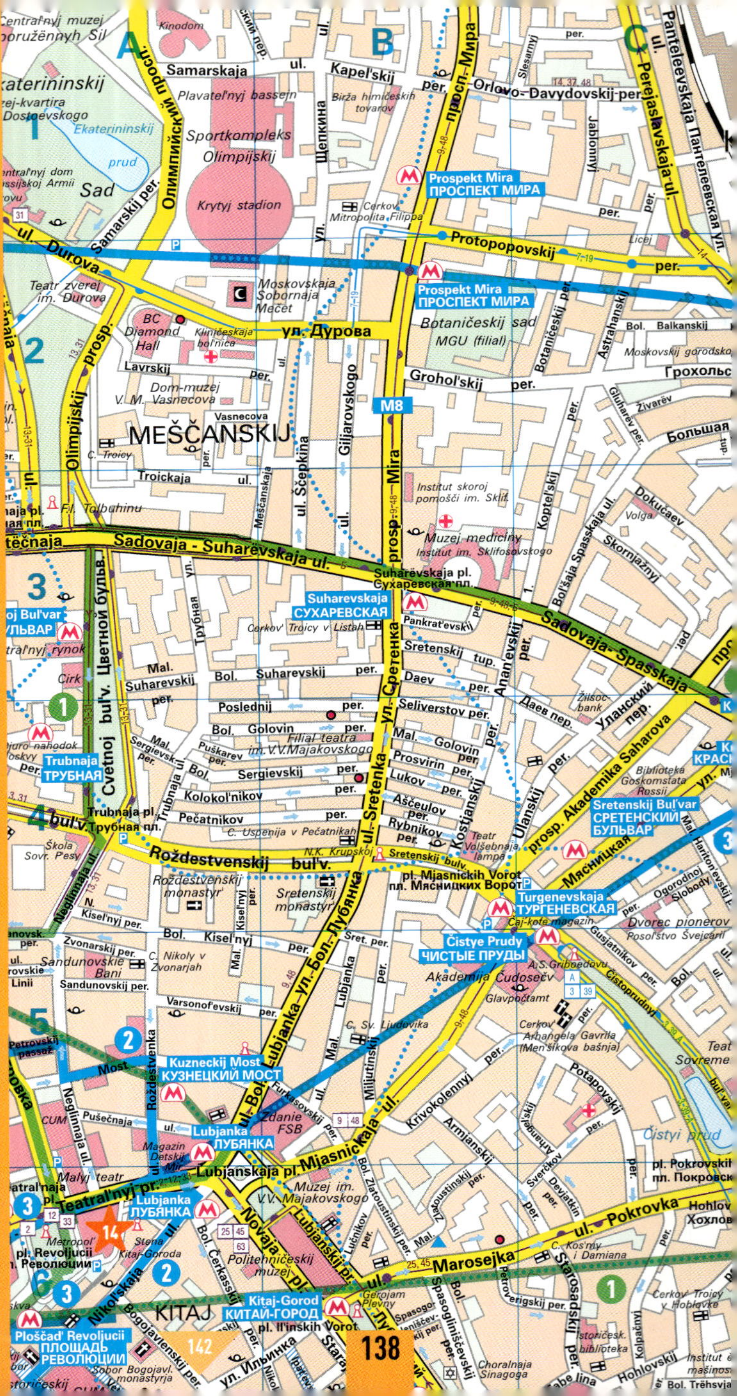
A
B
C
1
2
3
4
5
6
Central'nyj muzej Vooružënnyh Sil
Kinodom
Samarskaja
ul.
Kapel'skij
per.
Orlovo-Davydovskij per.
Slesarnyj
Perejaslavskaja ul.
Pantelejevskaja
Jablonnyj
Ekaterininskij
Sad
Ekaterininskij prud
Plavatel'nyj bassejn
Sportkompleks Olimpijskij
Krytyj stadion
Birža himičeskih tovarov
Олимпийский просп.
просп. Мира
Щепкина
Samarskij per.
Prospekt Mira
ПРОСПЕКТ МИРА
Cerkov' Mitropolita Filippa
Protopopovskij per.
Licej
Durova
ul. Durova
ул. Дурова
Teatr zverej im. Durova
Moskovskaja Sobornaja Mečet
BC Diamond Hall
Kliničeskaja bol'nica
Botaničeskij sad MGU (filial)
Botaničeskij per.
Astrahanskij per.
Bol. Balkanskij
Moskovskij gorodskoj
Grohol'skij per.
Грохольский
Lavrskij per.
Dom-muzej V. M. Vasnecova
Vasnecova
MEŠČANSKIJ
Olimpijskij prosp.
Gljarovskogo
ul. Ščepkina
M8
Mira
prosp. Mira
Živarëv
Gluharev per.
Большая
C. Troicy
Troickaja
Meščanskaja
F.I. Tolbuhinu
Institut skoroj pomošči im. Sklif.
Muzej mediciny
Institut im. Sklifosovskogo
Koptel'skij
Dokučaev
Volga
Bol'šaja Spasskaja ul.
Skornjažnyj
Sadovaja - Suharevskaja ul.
Suharëvskaja pl.
Сухаревская пл.
Suharevskaja
СУХАРЕВСКАЯ
Cerkov' Troicy v Listah
Pankrat'evskij
Sadovaja- Spasskaja
Trubnaja
Цветной бульв.
Cvetnoj bul'v.
Sretenskij tup.
Daev per.
Даев пер.
Ananevskij per.
Uljanskij
Уланский пер.
Žilsoc-bank
Mal. Suharevskij per.
Bol. Suharevskij
Cirk
Poslednij per.
Bol. Golovin per.
Filial teatra im. V.V. Majakovskogo
Seliverstov per.
Mal. Golovin
Prosvirin per.
Lukov per.
Aščeulov per.
Rybnikov per.
ul. Sretenka
Kostjanskij
Trubnaja
ТРУБНАЯ
Mal. Sergievskij per.
Puškarev per.
Bol. Sergievskij
Kolokol'nikov
Pečatnikov
C. Uspenija v Pečatnikah
Biblioteka Gosкomstata Rossii
Sretenskij Bul'var
СРЕТЕНСКИЙ БУЛЬВАР
prosp. Akademika Saharova
Trubnaja pl.
Трубная пл.
Rožděstvenskij bul'v.
Škola Sovr. Pesy
N.K. Krupskoj
Sretenskij bul'v.
Teatr Volšebnaja lampa
Мясницкая
pl. Mjasnickih Vorot
пл. Мясницких Ворот
Rožděstvenskij monastyr'
Sretenskij monastyr'
Turgenevskaja
ТУРГЕНЕВСКАЯ
Čaj-kofe magazin
Čistye Prudy
ЧИСТЫЕ ПРУДЫ
Neglinnaja ul.
Kisel'nyj per.
Bol. Kisel'nyj per.
Mal. Kisel'nyj
Sret. per.
Ogorodnoj Slobody
Dvorec pionerov
Posol'stvo Švejcarii
Gusjatnikov per.
Zvonarskij per.
C. Nikoly v Zvonarjah
Sandunovskie Bani
Sandunovskij per.
Lubjanka
Mal. Lubjanka
A.S. Griboedovu
Akademija Čudosečv
Glavpočtamt
Čistoprudnyj
Varsonof'evskij per.
C. Sv. Ljudovika
Cerkov' Arhangela Gavriila (Men'šikova bašnja)
Teat Sovreme
Petrovskij passaž
Kuzneckij Most
КУЗНЕЦКИЙ МОСТ
Rožděstvenka
Furkasovskij per.
Zdanie FSB
Krivokolennyj per.
Potapovskij per.
Armjanskij per.
Čistyj prud
CUM
Pušečnaja
Neglinnaja ul.
Lubjanka
ЛУБЯНКА
Magazin Detskij Mir
Mjasnickaja ul.
Lubjanskaja pl.
Malyj teatr
Teatral'nyj pr.
V.V. Majakovskogo
Muzej im.
Bol. Zlatoustinskij per.
Zlatoustinskij
Sverčkov per.
Devjatkin per.
pl. Pokrovskie
пл. Покровск
Lubjanka
ЛУБЯНКА
Novaja pl.
Lubjanskij pr.
Lučnikov per.
ul. Pokrovka
Hohlov
Хохлов
Metropol'
pl. Revoljucii
Революции
Stena Kitaj-Goroda
Bol. Čerkasskij
Politehničeskij muzej
Mal.
Marosejka
C. Kos'my i Damiana
Starosadskij per.
Nikol'skaja
Kitaj-Gorod
КИТАЙ-ГОРОД
Gerojam Plevny
Spasoglinišćevskij per.
Petroverigskij per.
Cerkov' Troicy v Hohlovke
KITAJ
Ploščad' Revoljucii
ПЛОЩАДЬ РЕВОЛЮЦИИ
Bogojavlenskij per.
Sobor Bogojavl. monastyrja
ул. Ильинка
pl. Il'inskih Vorot
Istoričesk. biblioteka
Choralnaja Sinagoga
Kolpačnyj
Hohlovskij per.
Institut
Bol. Trëhsvja
142
138

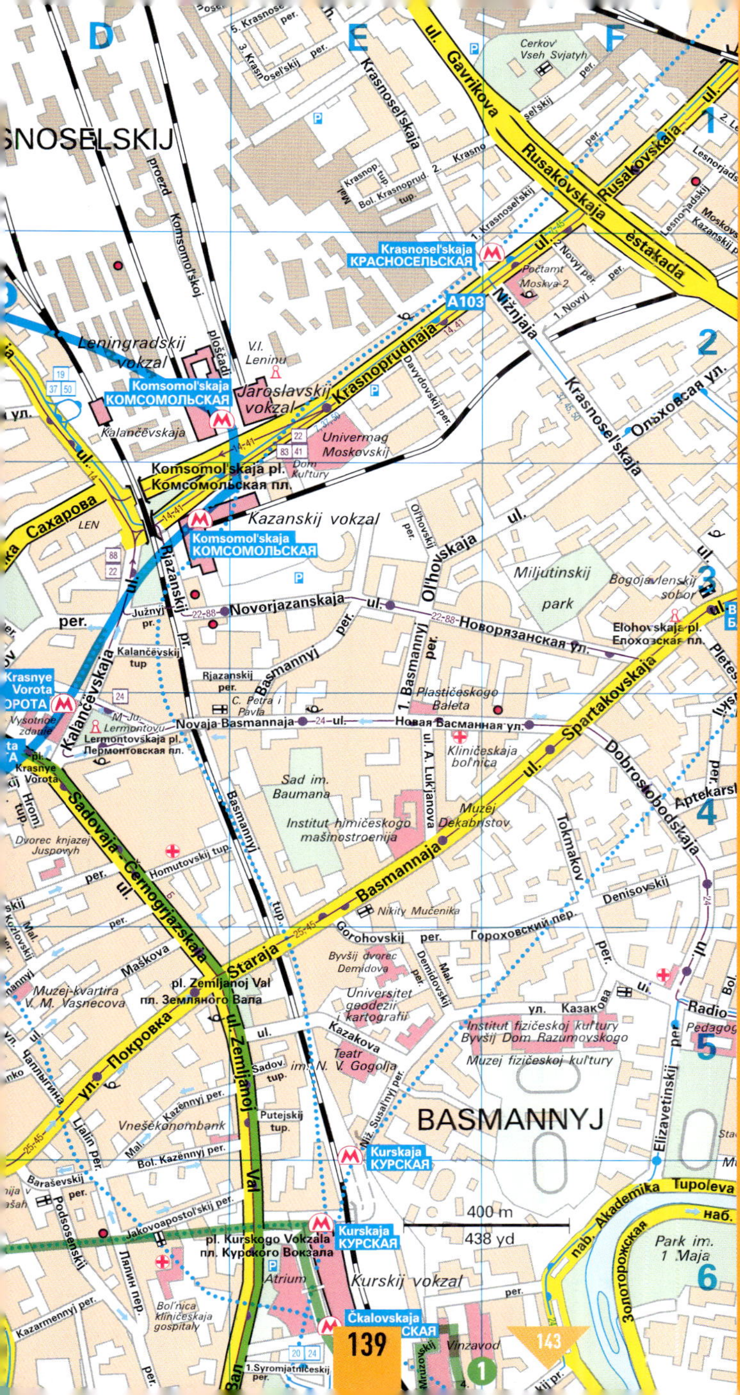

D
E
F
1
2
3
4
5
6
NOSELSKIJ
BASMANNYJ
ul. Gavrikova
Cerkov' Vseh Svjatyh
Krasnosel'skaja
Rusakovskaja
Rusakovskaja estakada
Krasnosel'skaja
КРАСНОСЕЛЬСКАЯ
Počtamt Moskva-2
A103
Krasnoprudnaja
Nižnjaja Krasnosel'skaja
Ольховская ул.
Leningradskij vokzal
Komsomol'skaja
КОМСОМОЛЬСКАЯ
Jaroslavskij vokzal
V.I. Leninu
Kalančëvskaja
Univermag Moskovskij
Dom kul'tury
Komsomol'skaja pl.
Комсомольская пл.
Kazanskij vokzal
ul. Сахарова
Rjazanskij pr.
Novorjazanskaja ul.
Новорязанская ул.
Ol'hovskaja ul.
Miljutinskij park
Bogojavlenskij sobor
Elohovskaja pl.
Епохозская пл.
Krasnye Vorota
Lermontovskaja pl.
Лермонтовская пл.
Novaja Basmannaja ul.
Новая Басманная ул.
C. Petra i Pavla
Plastičeskogo Baleta
Kliničeskaja bol'nica
Spartakovskaja ul.
Dobroslobodskaja ul.
Sad im. Baumana
Institut himičeskogo mašinostroenija
Muzej Dekabristov
Tokmakov per.
Denisovskij per.
Sadovaja-Černogrjazskaja ul.
Staraja Basmannaja
Nikity Mučenika
Gorohovskij per.
Гороховский пер.
Homutovskij tup.
Dvorec knjazej Jusupovyh
Bol'šoj dvorec Demidova
Universitet geodezii i kartografii
pl. Zemljanoj Val
пл. Земляного Вала
Muzej-kvartira V. M. Vasnecova
ul. Kazakova
Institut fizičeskoj kul'tury
Byvšij Dom Razumovskogo
Muzej fizičeskoj kul'tury
Teatr im. N. V. Gogolja
ul. Покровка
ul. Zemljanoj Val
Vnešèkonombank
Bol. Kazënnyj per.
Kurskaja
КУРСКАЯ
400 m
438 yd
pl. Kurskogo Vokzala
пл. Курского Вокзала
Kurskij vokzal
Atrium
Bol'nica kliničeskaja gospitaly
Čkalovskaja
Vinzavod
nab. Akademika Tupoleva
Park im. 1 Maja
Золоторожская наб.
Elizavetinskij per.
Radio
Aptekarskij per.
139
143

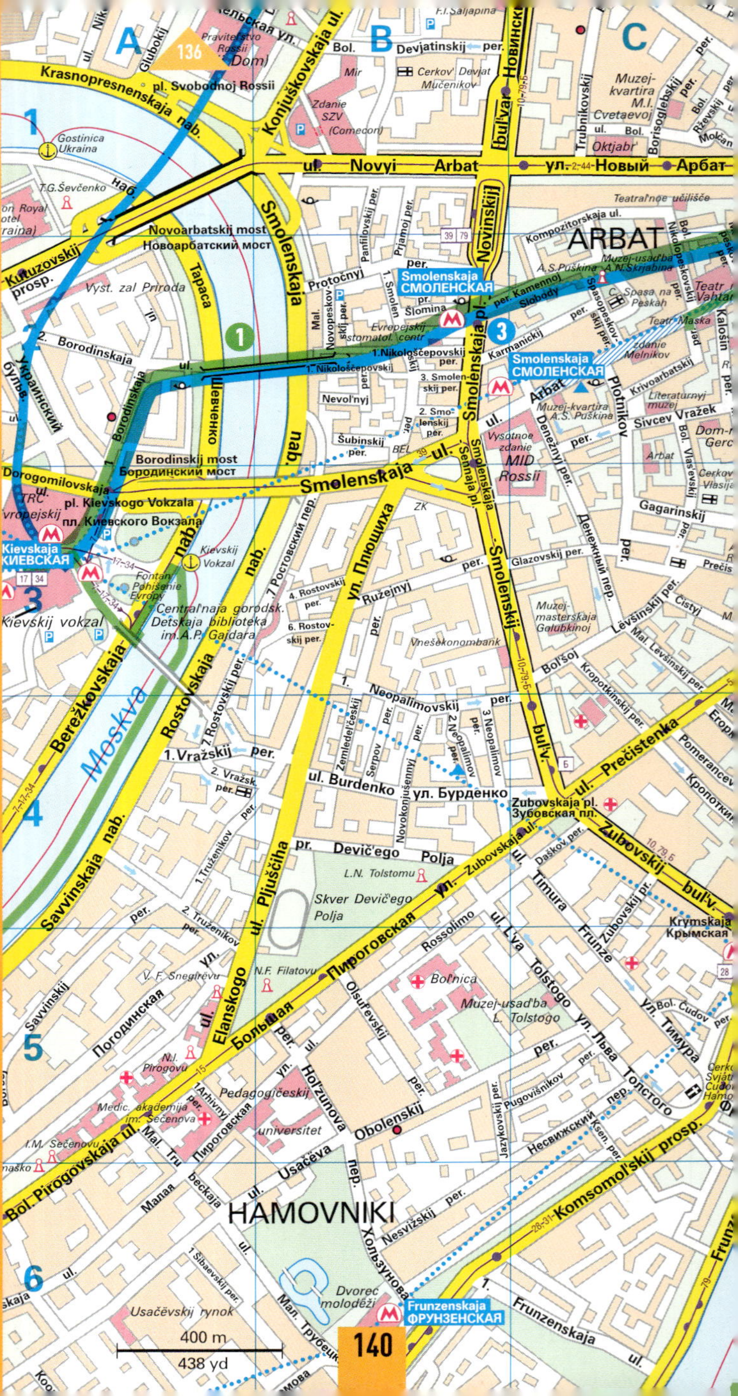
A
B
C
1
3
4
5
6
136
Krasnopresnenskaja nab.
pl. Svobodnoj Rossii
Pravitel'stvo Rossii (Belyj Dom)
Konjuškovskaja ul.
Bol. Devjatinskij per.
Mir
Cerkov' Devjat Mučenikov
Zdanie SZV (Comecon)
Gostinica Ukraina
T.G.Ševčenko
Novinskij bul'var
Trubnikovskij
Muzej-kvartira M.I. Cvetaevoj
Borisoglebskij
Bol. Rževskij
Molčan
Oktjabr'
ul. Novyi Arbat
ул. Новый Арбат
Smolenskaja nab.
Novoarbatskij most
Новоарбатский мост
Kutuzovskij prosp.
Vyst. zal Priroda
Tarasa Ševčenko
Protočnyj per.
Panfilovskij per.
Prjamoj per.
Teatral'noe učilišče
Kompozitorskaja ul.
ARBAT
A.S.Puškina
Muzej-usad'ba A.N.Skrjabina
Nikolopeskovskij
Kalošin per.
Teatr Vahtangova
Smolenskaja
СМОЛЕНСКАЯ
1. Smolenskij per.
Slomina
Evropejskij stomatol. centr
per. Kamennoj Slobody
C. Spasa na Peskah
Spasopeskovskij per.
Teatr Maska
Zdanie Melnikov
Mal. Novopeskovskij per.
1.Nikološčepovskij per.
Karmanickij
Borodinskaja ul.
Украинский бульв.
1. Nikološčepovskij per.
3. Smolenskij per.
Smolenskaja pl.
Smolenskaja
СМОЛЕНСКАЯ
Arbat
Plotnikov
Krivoarbatskij
Literaturnyj muzej
Nevol'nyj
2. Smolenskij per.
Muzej-kvartira A.S. Puškina
Sivcev Vražek
Dom-muzej Gercena
Šubinskij per.
Vysotnoe zdanie MID Rossii
Denežnyj per.
Bol. Vlas'evskij
Cerkov' Vlasija
Borodinskij most
Бородинский мост
Dorogomilovskaja ul.
Smolenskaja ul.
Sennaja pl.
Gagarinskij
TRC Evropejskij
pl. Kievskogo Vokzala
пл. Киевского Вокзала
Kievskaja
КИЕВСКАЯ
Kievskij Vokzal
Berežkovskaja nab.
7. Rostovskij per.
Ростовский пер.
ул. Плющиха
Glazovskij per.
Денежный пер.
Prečistenskij
Fontan Pohišenie Evropy
4. Rostovskij per.
Ružejnyj
Muzej-masterskaja Golubkinoj
Lëvšinskij per.
Čistyj
Kievskij vokzal
Central'naja gorodsk. Detskaja biblioteka im.A.P. Gajdara
6. Rostovskij per.
Vnešekonombank
Bol'šoj
Mal. Levšinskij per.
Kropotkinskij per.
Moskva
Rostovskaja nab.
1. Neopalimovskij per.
Smolenskij bul'v.
Pomerancev
Kropotkinskij
1. Rostovskij per.
2. Neopalimovskij
3 Neopalimov
Zemledel'českij
Serpov
1. Vražskij per.
2. Vražsk. per.
ul. Burdenko
ул. Бурденко
Novokonjušennyj
Zubovskaja pl.
Зубовская пл.
ul. Prečistenka
Savvinskaja nab.
1. Truženikov
pr. Devič'ego Polja
Daškov per.
Zubovskij bul'v.
L.N. Tolstomu
Skver Devič'ego Polja
Zubovskaja ul.
Timura Frunze
Zubovskij pr.
Krymskaja
Крымская
2. Truženikov per.
ul. Pljuščiha
Пироговская ул.
Rossolimo
ul. L'va Tolstogo
V. F. Snegirëvu
N.F. Filatovu
Bol'nica
Muzej-usad'ba L. Tolstogo
Savvinskij
Погодинская ул.
ul. Elanskogo
Большая
Olsuf'evskij
ул. Льва Толстого
Bol. Čudov
ул. Тимура
N.I. Pirogovu
Pedagogičeskij universitet
Holzunova per.
Pugovišnikov
Cerkov' Svjatitelja Nikolaja v Hamovnikah
1Arhivnyj per.
Medic. akademija im. Sečenova
Obolenskij
Jazykovskij per.
Несвижский пер.
Ksen. per.
I.M. Sečenovu
Mal. Trubeckaja
Пироговская
ul. Usačeva
Bol. Pirogovskaja ul.
Малая
HAMOVNIKI
Nesvižskij per.
Komsomol'skij prosp.
1 Šibaevskij per.
Хользунова
Dvorec molodëži
Usačëvskij rynok
Frunzenskaja
ФРУНЗЕНСКАЯ
1. Frunzenskaja ul.
Mal. Трубецкая
400 m
438 yd

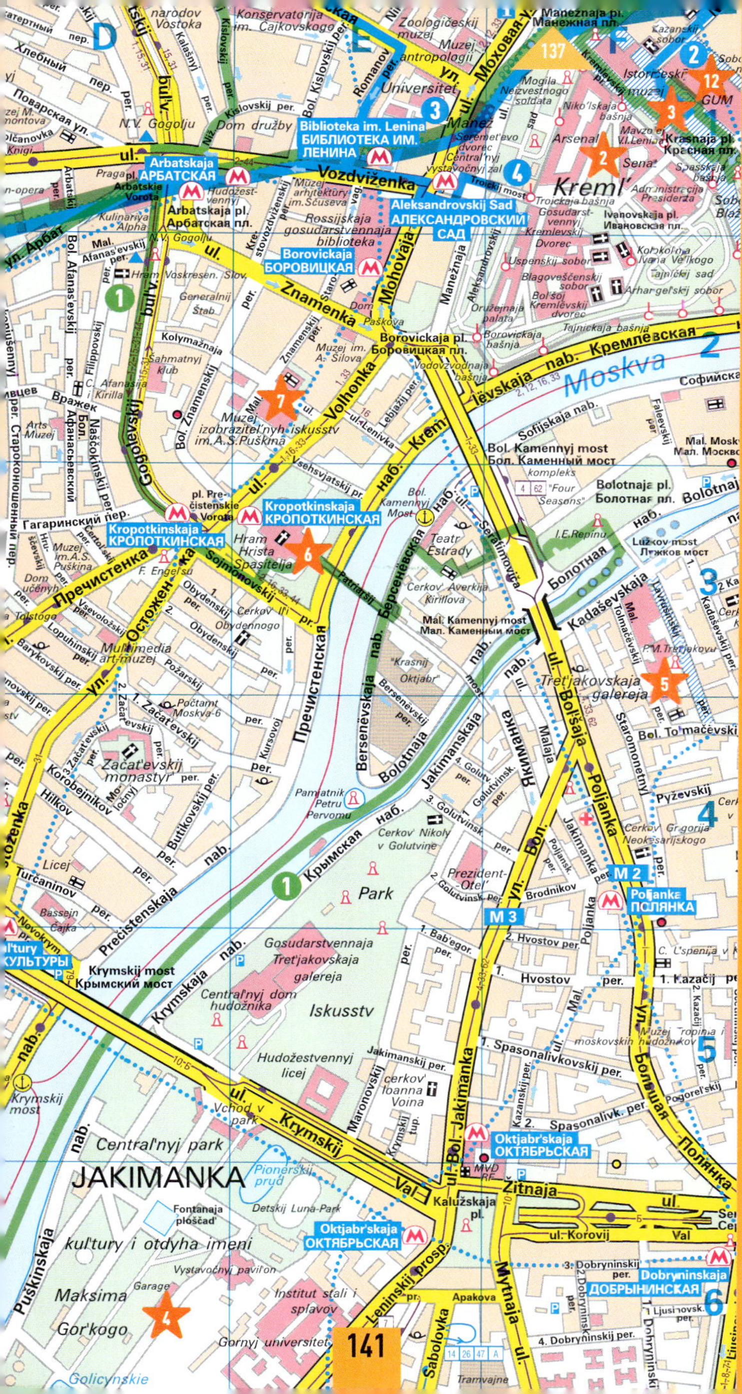
137
141
D
E
F
Manežnaja pl.
Манежная пл.
Konservatorija im. Čajkovskogo
Zoologičeskij muzej
Muzej antropologii
Universitet
Kazanskij sobor
Istoričeskij muzej
GUM
Krasnaja pl.
Красная пл.
Biblioteka im. Lenina
БИБЛИОТЕКА ИМ. ЛЕНИНА
Manež
Arsenal
Senat
Kreml'
Arbatskaja
АРБАТСКАЯ
Arbatskie Vorota
Vozdviženka
Aleksandrovskij Sad
АЛЕКСАНДРОВСКИЙ САД
Troickij most
Troickaja bašnja
Arbatskaja pl.
Арбатская пл.
Rossijskaja gosudarstvennaja biblioteka
Ivanovskaja pl.
Ивановская пл.
Borovickaja
БОРОВИЦКАЯ
Uspenskij sobor
Blagoveščenskij sobor
Bol'šoj Kremlevskij Dvorec
Arhangel'skij sobor
Tajnickij sad
N.V. Gogolju
Znamenka
Generalnij Štab
Mohovaja
Borovickaja pl.
Боровицкая пл.
Borovickaja bašnja
Tajnickaja bašnja
Kolymažnaja
Šahmatnyj klub
Muzej im. A. Silova
Vodovzvodnaja bašnja
Kremlëvskaja nab.
Кремлёвская
Moskva
Софийская
Volhonka
Muzej izobrazitel'nyh iskusstv im. A.S. Puškina
Sofijskaja nab.
Bol. Kamennyj most
Бол. Каменный мост
"Four Seasons"
Bolotnaja pl.
Болотная пл.
Gogolevskij bulv.
Kropotkinskaja
КРОПОТКИНСКАЯ
Hram Hrista Spasitelja
Teatr Estrady
I.E. Repinu
Lužkov most
Лужков мост
Гагаринский пер.
Пречистенка
Остоженка
Sojmonovskij pr.
Patriaršij
Берсеневская
Cerkov' Averkija Kirillova
Mal. Kamennyj most
Мал. Каменный мост
Болотная
Kadaševskaja
P.M. Tret'jakovu
Tret'jakovskaja galereja
Muzej im. A.S. Puškina
F. Engel'su
Obydenskij per.
Multimedia art-muzej
Počtamt Moskva-6
"Krasnij Oktjabr"
Пречистенская
Bolotnaja
Jakimanskaja
Якиманка
Bol'šaja
Poljanka
Začat'evskij monastyr'
Pamjatnik Petru Pervomu
Cerkov' Nikoly v Golutvine
Cerkov' Grigorija Neokesarijskogo
Крымская наб.
Park
Prezident-Otel'
Brodnikov
M 2
M 3
Poljanka
ПОЛЯНКА
Licej
Turčaninov
Bassejn Čajka
Precistenskaja nab.
Krymskij most
Крымский мост
Gosudarstvennaja Tret'jakovskaja galereja
Central'nyj dom hudožnika
Iskusstv
Hvostov per.
Hudožestvennyj licej
Spasonalivkovskij per.
Muzej Tropina i moskovskih hudožnikov
cerkov' Ioanna Voina
Okfjabr'skaja
ОКТЯБРЬСКАЯ
Central'nyj park
JAKIMANKA
Pionerskij prud
Krymskij Val
Kalužskaja pl.
Žitnaja
Korovij Val
Fontanaja ploščad'
Detskij Luna-Park
Oktjabr'skaja
ОКТЯБРЬСКАЯ
kul'tury i otdyha imeni
Maksima Gor'kogo
Vystavočnyj pavil'on
Garage
Institut stali i splavov
Leninskij prosp.
Mytnaja ul.
Dobryninskaja
ДОБРЫНИНСКАЯ
Puškinskaja nab.
Gornyj universitet
Sabolovka
Tramvajne
Golicynskie
Apakova

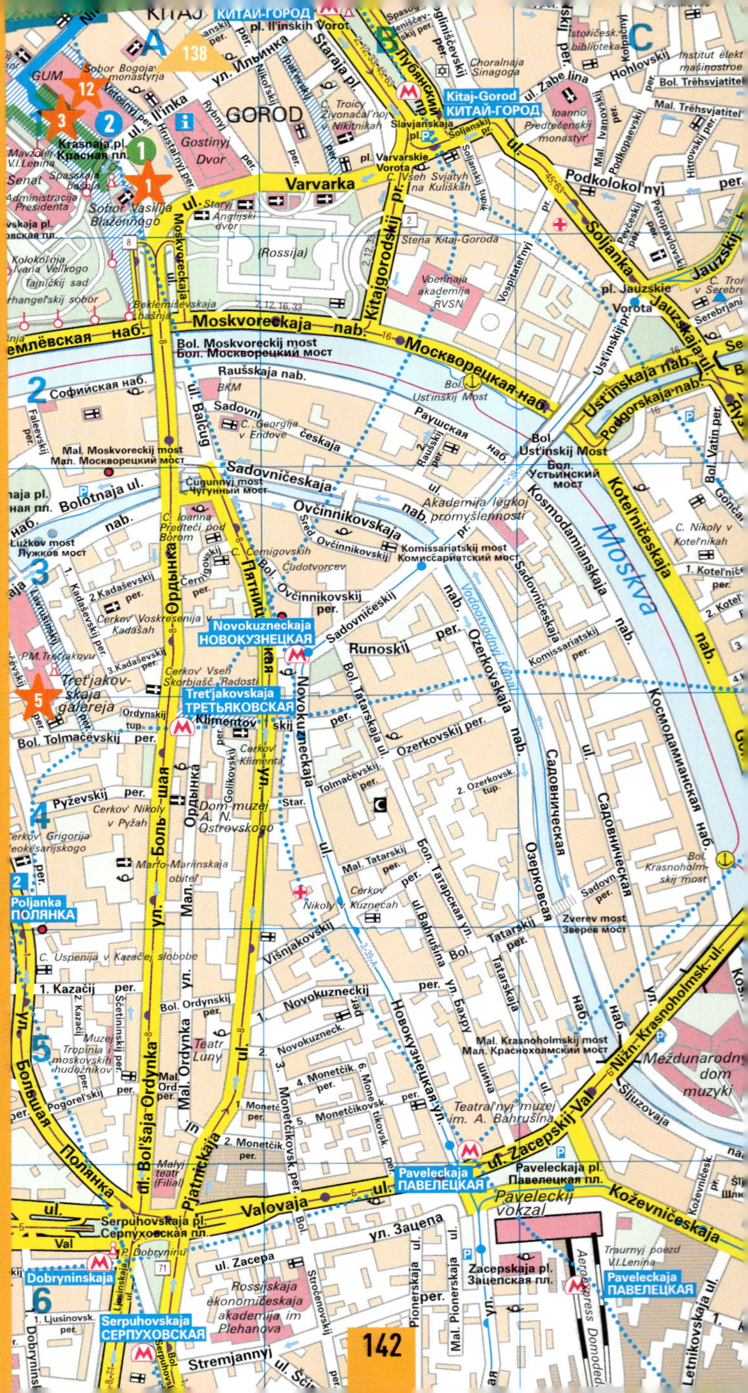

138
142
A
B
C
1
2
3
4
5
6
КИТАЙ-ГОРОД
pl. Il'inskih Vorot
GUM
Sobor Bogojavl. monastyrja
Vetošnyj per.
ul. Il'inka
ул. Ильинка
GOROD
Nikol'skij
Ipat'evskij
Staraja pl.
Troicy Zivonačal'noj v Nikitnikah
Lubjanskij pr.
Лубянский пр.
Choralnaja Sinagoga
Istoričesk. biblioteka
Kolpačnyj
Hohlovskij
Institut ėlekt. mašinostroe.
Bol. Trëhsvjatitel.
Mal. Trëhsvjatitel.
ul. Zabelina
Ioanno Predtečenskij monastyr'
Mal. Ivanovskij
Podkopaevskij
Hitrovskij per.
Kitaj-Gorod
КИТАЙ-ГОРОД
Slavjanskaja pl.
Soljanskij pr.
Soljanskij tupik
Krasnaja pl.
Красная пл.
Gostinyj Dvor
Hrustal'nyj per.
Rybnyj
pl. Varvarskie Vorota
C. Vseh Svjatyh na Kuliškah
Mavzolej V.I.Lenina
Senat
Spasskaja bašnja
Administracija Presidenta
Sobor Vasilija Blažennogo
ul. Varvarka
Staryj Anglijskij dvor
(Rossija)
Podkolokol'nyj
Pevčeskij per.
Petropavlovskij
Soljanka
Jauzskij
Stena Kitaj-Goroda
Kitajgorodskij pr.
Voennaja akademija RVSN
Vospitatel'nyj
pl. Jauzskie Vorota
Jauzskaja ul.
C. Troicy v Serebr.
Serebrjanič.
Kolokol'nja Ivana Velikogo
Tajnickij sad
Arhangel'skij sobor
Beklemiševskaja bašnja
Moskvoreckaja ul.
Moskvoreckaja nab.
Москворецкая наб.
Кремлёвская наб.
Bol. Moskvoreckij most
Бол. Москворецкий мост
Raušskaja nab.
ВКМ
Софийская наб.
Faleevskij per.
Bol. Ust'inskij Most
Ust'inskij pr.
Ust'inskaja nab.
Podgorskaja nab.
Bol. Vatin per.
Sadovničeskaja
C. Georgija v Endove
Раушская наб.
Raušskij per.
Bol. Ust'inskij Most
Бол. Устьинский мост
Mal. Moskvoreckij most
Мал. Москворецкий мост
ul. Balčug
Болотная пл.
Bolotnaja ul.
Čugunnyj most
Чугунный мост
Sadovničeskaja
Akademija lëgkoj promyšlennosti
Kotel'ničeskaja nab.
Gončar.
Moskva
Ovčinnikovskaja nab.
Sred. Ovčinnikovskij
C. Ioanna Predteči pod Borom
Lužkov most
Лужков мост
Komissariatskij most
Комиссариатский мост
Kosmodamianskaja
Sadovničeskaja
C. Nikoly v Kotel'nikah
1. Kotel'nič. per.
2. Kotel'.
Kadaševskij
2.Kadaševskij per.
Černigovskij per.
C. Černigovskih Čudotvorcev
Bol. Ovčinnikovskij per.
Pjatnickaja
Ordynka
Lavrušinskij
Cerkov' Voskresenija v Kadašah
Novokuzneckaja
НОВОКУЗНЕЦКАЯ
Sadovničeskij
Vodootvodnyj Kanal
Runoskij per.
Ozerkovskaja nab.
Komissariatskij per.
Космодамианская наб.
P.M.Tret'jakovu
3.Kadaševskij per.
Cerkov' Vseh Skorbjašč. Radosti
Tret'jakovskaja galereja
Tret'jakovskaja
ТРЕТЬЯКОВСКАЯ
Ordynskij tup.
Klimentovskij per.
Bol. Tatarskaja ul.
Ozerkovskij per.
Bol. Tolmačevskij per.
Golikovskij
Cerkov' Klimenta
Novokuzneckaja ul.
Tolmačevskij per.
2. Ozerkovsk. tup.
Садовническая
Садовническая
Pyževskij per.
Cerkov' Nikoly v Pyžah
Bol'šaja ul.
Dom-muzej A. N. Ostrovskogo
Star.
Cerkov' Grigorija Neokesarijskogo
Marfo-Mariinskaja obitel'
Mal. Tatarskij per.
Bol. Tatarskij per.
Озерковская
Bol. Krasnoholmskij most
Poljanka
ПОЛЯНКА
Cerkov' Nikoly v Kuznecah
ul. Bahrušina
Татарская ул.
Sadovnič. per.
Zverev most
Зверев мост
Tatarskij per.
C. Uspenija v Kazačej slobode
Višnjakovskij
Bol. Tatarskaja
1. Kazačij per.
2. Kazačij
Ščetininskij per.
Bol. Ordynskij per.
1. Novokuzneckij per.
ул. Бахрушина
Nižn. Krasnoholmsk. ul.
Muzej Tropinina i moskovskih hudožnikov
Teatr Luny
2. Novokuzneck.
Mal. Krasnoholmskij most
Мал. Краснохолмский мост
Meždunarodnyj dom muzyki
Mal. Ord. per.
Mal. Ordynka
3. Monetčikovsk.
4. Monetčik. per.
6. Monetčikovsk.
Новокузнецкая ул.
Sljuzovaja
Pogorel'skij per.
1. Monetč. per.
5. Monetčikovsk.
Teatral'nyj muzej im. A. Bahrušina
ul. Zacepskij Val
Большая Полянка
2. Monetčik. per.
Malyj teatr (Filial)
Pjatnickaja
ul. Bol'šaja Ordynka
Paveleckaja
ПАВЕЛЕЦКАЯ
Paveleckaja pl.
Павелецкая пл.
Koževničeskaja
ul. Valovaja
Serpuhovskaja pl.
Серпуховская пл.
Paveleckij vokzal
Val
P. Dobryninu
ул. Зацепа
ul. Zacepa
Zacepskaja pl.
Зацепская пл.
Traurnyj poezd V.I.Lenina
Paveleckaja
ПАВЕЛЕЦКАЯ
Aeroexpress Domoded.
Dobryninskaja
Ljusinovskaja
Rossijskaja ėkonomičeskaja akademija im Plehanova
Stročenovskij
Pionerskaja ul.
Mal. Pionerskaja
Letnikovskaja ul.
1. Ljusinovsk. per.
Serpuhovskaja
СЕРПУХОВСКАЯ
Stremjannyj
Dobryninsk.

D
E
F
1
2
3
4
5
6
139
143
400 m
438 yd
Ckalovskaja
ЧКАЛОВСКАЯ
Vinzavod
Verh. Syromjatničeskaja ul.
Niž. Syromjatničeskaja ul.
Zemljanoj Val
ул. Земляной Вал
Obščestvennyj centr im. A. D. Saharova
Dom Kul'tury
Kostomarovskij per.
Poljujaroslavskaja nab.
Nikolojamskaja nab.
Kostomarovskaja nab.
Syromjatničeskaja nab.
Zolotoroškaja nab.
Andron'evskaja nab.
Jauza
Vysokojauzkij most
Высокояузский мост
Andronikov
Spasskij sobor
Cerkov' Mihaila-Arhangela
Andronikov monastyr'
Muzej im. A. Rublëva
Volčaevskaja ul.
Kostomarovskij most
Костомаровский мост
Nikolojamskaja ul.
Николоямская ул.
M7
ul. Serija Radonežskogo
Andron'evskaja pl.
Андроньевская пл.
Škol'naja ul.
Школьная
Bibliotečnaja ul.
Библиотечная
Vekovaja ul.
Вековая ул.
Mal. Rogožskaja
Trudovaja ul.
ul. Rogožskij Val
Aleksandra Solženicyna
Tovariščeskij per.
Товарищеский пер.
Hudožestv. inst. im. Surikova
Dom Vysockogo
Teatr na Taganke
Filial turistskogo kluba
C. Martina Ispovednika
Taganskaja
ТАГАНСКАЯ
Taganskaja pl.
Таганская пл.
Marksistskaja
МАРКСИСТСКАЯ
Bunker 42 muzej
Lemskij Park
TAGANSKIJ
Taganskaja ul.
Таганская ул.
Nižegorodskaja ul.
C. Nikoly v Studencah
Lehazm teatr
Marksistskaja ul.
Марксистская ул.
E30
M5
Taganskij Park
Pokrovskij monastyr'
Voroncovskaja ul.
Воронцовская ул.
Bol'šie Kamenščiki
Krasnoholmskij most
Краснохолмский мост
Krasnoholmskaja nab.
Novospasskij per.
Novospasskij monastyr'
Novospasskij prud
pl. Krest'janskaja Zastava
Krest'janskaja Zastava
КРЕСТЬЯНСКАЯ ЗАСТАВА
Krest'janskaja pl.
Крестьянская пл.
Proletarskaja
ПРОЛЕТАРСКАЯ
Abel'manovskaja ul.
Volgogradskij prospekt
Novospasskij most
Новоспасски мост
Krutickaja nab.
3. Krutickij per.
Sarinskij proezd
Uspenskij sobor
Krutickoe podvor'e
Dubrovskaja ul.
Simonovskij per.
Sosinskaja ul.

A
B
C
1
2
3
4
5
6
Klin
Клин
Dmitrov
Дмитров
Klinsko-Dmitrovskaja grjada
Moskovskaja oblast'
Vysokovsk
Высоковск
Solnečnogorsk
Солнечногорск
Jahroma
Яхрома
Ikša
Икша
Lobnja
Лобня
Dolgoprudnyj
Долгопрудный
Zelenograd
Зеленоград
Istra
Истра
Dedovsk
Дедовск
Nahabino
Нахабино
Krasnogorsk
Красногорск
Shodnja
Сходня
HIMKI
ХИМКИ
MYTIŠČI
МЫТИЩИ
MOSKVA
МОСКВА
Zvenigorod
Звенигород
ODINCOVO
ОДИНЦОВО
Vnukovo
Внуково
Golicyno
Голицыно
Kubinka
Кубинка
Tučkovo
Тучково
Aprelevka
Апрелевка
Moskovskij
Московский
Ščerbinka
Щербинка
Seljatino
Селятино
Troick
Троицк
PODOL'SK
ПОДОЛЬСК
Naro-Fominsk
Наро-Фоминск
Klimovsk
Климовск
L'vovskij
Львовский
Balabanovo
Балабаново
OBNINSK
ОБНИНСК
Čehov
Чехов
M10
M9
M1
M3
M2
A107
A108
A100
A130
A104
P111
P113
E105
E22
E30
E101
SVO
VKO
2018

D
E
F
1
2
3
4
5
6
10 km
6.21 mi
Aleksandrov
Александров
Strunino
Струнино
Karabanovo
Карабаново
SERGIEV-POSAD
СЕРГИЕВ-ПОСАД
Svjato-Troickaja Sergieva Lavra
Hot'kovo
Хотьково
Krasnozavodsk
Краснозаводск
Skoropuskovskij
Скоропусковский
Alfer'evo
Алферьево
Vasil'evskoe
Васильевское
Metrostroj
Метрострой
Bubjakovo
Бубяково
Semhoz
Семхоз
Prokšino
Прокшино
Svatkovo
Сватково
Bereznjaki
Березняки
Arsaki
Арсаки
Buharv
Бухары
Gideevo
Гидеево
Ploеevo
Плоуево
Mahra
Махра
Romanovskoe
Романовское
Slobodka
Слободка
Gorka
Горка
Efremovo
Ефремово
Il'kino
Илькино
El'cy
Ельцы
Kirzač
Киржач
Turakovo
Тураково
Ugolki
Уголки
Abramcevo
Абрамцево
Gerasimiha
Герасимиха
Vozdviženskoe
Воздвиженское
Muranovo
Мураново
Saranovo
Шараново
Mihajlovskoe
Михайловское
Žuklino
Жуклино
Bulakovo
Булаково
Krutec
Крутец
Sofrino
Софрино
Ašukino
Ашукино
Talicy
Талицы
Krasnoarmejsk
Красноармейск
Frjanovo
Фряново
Rjazancy
Рязанцы
Peršino
Першино
Eremino
Еремино
Alenino
Аленино
Meleži
Мележи
Krasnyj Oktjabr'
Красный Октябрь
Petrovskoe
Петровское
Ogudnevo
Огуднево
Filippovskoe
Филипповское
Lesnoj
Лесной
Černovo
Черново
Botovo
Ботово
Kran. Ugol
Кран. Угол
Fineevo
Финеево
svh. Puškinskij
свх. Пушкинский
Vore-Bogorodskoe
Воре-Богородское
Litvinovo
Литвиново
Makrovo
Макрово
Pes'janoe
Песьяное
Sanino
Санино
Rat'kovo
Ратьково
Novaja Derevnja
Новая Деревня
Bogostovo
Богостово
Černogolovka
Черноголовка
Borovkovo
Боровково
Golovino
Головино
Vypino
Ivanteevka
Ивантеевка
Frjazino
Фрязино
Djad'kino
Дядькино
Mamontovo
Мамонтово
Timkovo
Тимково
Vasjutino
Васютино
Krasnyj Luč
Красный Луч
Ščelkovo
Щелково
Jamkino
Ямкино
Gorki
Горки
Teperki
Теперки
Korolëv
Королёв
Aniskino
Анискино
Noginsk
Ногинск
Èlektrogorsk
Электрогорск
Losino-Petrovkij
Лосино-Петровкий
El'nja
Ельня
Bol. Bun'kovo
Бол. Буньково
Balašiha
Балашиха
Monino
Монино
Sokolovo
Соколово
Obunevo
Обунево
Èlektrostal'
Электросталь
Orehovo-Zuevo
Орехово-Зуево
Staraja Kupavna
Старая Купавна
Kolontaevo
Колонтаево
Pavlovskij Posad
Павловский Посад
Reutov
Реутов
Železnodorožnyj
Железнодорожный
Rahmanovo
Рахманово
Drezna
Дрезна
Ljubercy
Люберцы
Èlektrougli
Электроугли
Esino
Есино
Frjazevo
Фрязево
Vlasovo
Власово
Loginovo
Логиново
Likino-Dulevo
Ликино-Дулево
Zjuzino
Зюзино
Tomilino
Томилино
Aksenovo
Аксеново
Averkievo
Аверкиево
Alferovo
Алферово
Danilovo
Данилово
Korenevo
Коренево
Malahovka
Малаховка
Košerovo
Кошерово
Kolomino
Коломино
Krupino
Крупино
Lytkarino
Лыткарино
Bykovo
Быково
Donino
Донино
Gžel'
Гжель
Rečicy
Речицы
Kuzjaevo
Кузяево
Davydovo
Давыдово
Kurovskoe
Куровское
Ramenskoe
Раменское
Novoharitonovo
Новохаритоново
Arinino
Аринино
Mihajlovskaja Sloboda
Михайловская Слобода
Žukovskij
Жуковский
Plaskinino
Пласкинино
Sobolevo
Соболево
Anciferovo
Анциферово
Eganovo
Еганово
Volodarskij
Володарский
Konstantinovo
Константиново
Sofino
Софино
Litvinovo
Литвиново
Jurovo
Юрово
Kuznecovo
Кузнецово
Imeni Cjurupy
Имени Цюрупы
Astaškovo
Асташково
Slobodišče
Hoteiči
Хотеичи
Domodedovo
Домодедово
Krivcy
Кривцы
Bojarkino
Бояркино
Cibino
Цибино
Botoozerskij
Ботоозерский
Faustovo
Фаустово
Il'inskij Pogost
Velino
Велино
Bronnicy
Бронницы
Čečevilovo
Чечевилово
Bezzubovo
Беззубово
DME
Il'inskoe
Ильинское
Panino
Панино
Vinogradovo
Виноградово
Konobeevo
Конобеево
Vantino
Egor'evsk
Егорьевск
Vostrjakovo
Востряково
Žiroškino
Жирошкино
Borševo
Боршево
Rybolovo
Рыболово
Miheevo
Михеево
Baranovskoe
Барановское
Lopatinskij
Лопатинский
Kutuzovo
Кутузово
Starnikovo
Старниково
Čemodurovo
Чемодурово
Fosforitnyj
Horlovo
Хорлово
Žitnevo
Житнево
Ryleevo
Рылеево
Zavorovo
Заворово
Ul'janino
Ульянино
Konstantinovo
Константиново
Belye Stolby
Белые Столбы
Bol. Ivanovskoe
Бол. Ивановское
Stepanovskoe
Степановское
Nikitskoe
Никитское
Fedino
Федино
Voskresensk
Воскресенск
Šifernaja
Шиферная
Lesnoj
Лесной
Barybino
Барыбино
Vvedenskoe
Введенское
Nikonovskoe
Никоновское
Semenovskoe
Семеновское
Ačkasovo
Ачкасово
Rjatčino
Рятчино
Peski
Пески
Kiškino
Кишкино
Avdot'ino
Авдотьино
Mar'inka
Марьинка
Stepanščino
Степанщино
Cerkizovo
Церкизово
Tatarinovo
Татариново
svh. Honjatino
свх. Хонятино
Meščerino
Мещерино
Škin'
Шкинь
Mjačkovo
Мячково
Drnitrovcy
Aminova
Kiškino
Кишкино
Nepecyno
Непецыно
Paryševo
Парышево
Koševlevka
Кошелевка
Lesnye Dary
Лесные Дары
Subbotovo
Субботово
Šernetovo
Шернетово
Radužnyj
Радужный
Niž. Horošovo
Ниж. Хорошово
Mihnevo
Михнево
Aksin'ino
Аксиньино
Kolomna
Коломна
Ivanovskoe
Dubnevo
Дубнево
Malino
Малино
Vorja
Talica
Kljaz'ma
Dubenka
Šitenka
Seraja
Bol. Dubna
Pehorka
Moskva
Otra
Severka
Nerskaja
Gorodenka
Dorka
M8
M7
M5
M4
E115
E30
E22
A103
A105
A107
A108
P75
P105
P110
P115

Das Register enthält eine Auswahl der im Cityatlas dargestellten Straßen und Plätze

KARTENLEGENDE

Vierspurige Straße Road with four lanes	4-х полосная автодорога Weg met vier rijstroken
Durchgangsstraße Thoroughfare	Магистральная улица Weg voor doorgaand verkeer
Hauptstraße Main road	Главная улица Hoofdweg
Sonstige Straßen Other roads	Другие дороги Overige wegen
Einbahnstraße One-way street	Улица с односторонним движением Straat met eenrichtingsverkeer
Fußgängerzone Pedestrian zone	Пешеходная зона Voetgangerszone
Parkplatz Parking place	Парковка Parkeerplaats
Information Information	Информация Informatie
Hauptbahn mit Bahnhof Main railway with station	Главная железная дорога со станцией Belangrijke spoorweg met station
Sonstige Bahn Other railway	Прочая железная дорога Overige spoorweg
U-Bahn Underground	Метро Ondergrondse spoorweg
Straßenbahn - O-Buslinie Tramway - Trolleybus-route	Трамвай - **Троллейбус** Tram - Trolleybuslijn
Fährlinie Ferry line	Паромная перевозка Veerdienst
Polizeistation - Postamt Police station - Post office	Полицейский участок - Почта Politiebureau - Postkantoor
Krankenhaus Hospital	Больница Ziekenhuis
Denkmal - Jugendherberge Monument - Youth hostel	Памятник - Туристская база для молодёжи Monument - Jeugdherberg
Kirche - Sehenswerte Kirche Church - Church of interest	Церковь - Достопримечательная церковь Kerk - Bezienswaardige kerk
Synagoge - Moschee Synagogue - Mosque	Синагога - Мечеть Synagoge - Moskee
Anlegestelle - Leuchtturm Landing stage - Lighthouse	Пристань - Маяк Aanlegplaats - Vuurtoren
Bebaute Fläche, öffentliches Gebäude Built-up area, public building	Застройка, Общественные здания Bebouwing, openbaar gebouw
Industriegelände Industrial area	Промышленная область Industrieterrein
Park, Wald - Friedhof Park, forest - Cemetery	Парк, лес - Кладбище Park, bos - Kerkhof
MARCO POLO Erlebnistour 1 MARCO POLO Discovery Tour 1	MARCO POLO Приключенческий тур 1 MARCO POLO Avontuurlijke Route 1
MARCO POLO Erlebnistouren MARCO POLO Discovery Tours	MARCO POLO Приключенческие туры MARCO POLO Avontuurlijke Routes
MARCO POLO Highlight	MARCO POLO Highlight

FÜR IHRE NÄCHSTE REISE ...

ALLE **MARCO POLO** REISEFÜHRER

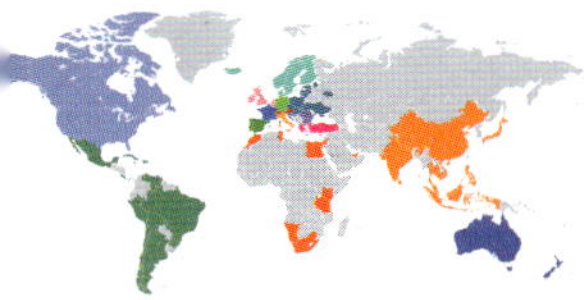

DEUTSCHLAND
Allgäu
Bayerischer Wald
Berlin
Bodensee
Chiemgau/ Berchtesgadener Land
Dresden/ Sächsische Schweiz
Düsseldorf
Eifel
Erzgebirge/ Vogtland
Föhr & Amrum
Franken
Frankfurt
Hamburg
Harz
Heidelberg
Köln
Lausitz/Spreewald/ Zittauer Gebirge
Leipzig
Lüneburger Heide/ Wendland
Mecklenburgische Seenplatte
Mosel
München
Nordseeküste Schleswig-Holstein
Oberbayern
Ostfriesische Inseln
Ostfriesland/Nordseeküste Niedersachsen/Helgoland
Ostseeküste Mecklenburg-Vorpommern
Ostseeküste Schleswig-Holstein
Pfalz
Potsdam
Rheingau/ Wiesbaden
Rügen/Hiddensee/ Stralsund
Ruhrgebiet
Schwarzwald
Stuttgart
Sylt
Thüringen
Usedom
Weimar

ÖSTERREICH SCHWEIZ
Kärnten
Österreich
Salzburger Land
Schweiz
Steiermark
Tessin
Tirol
Wien
Zürich

FRANKREICH
Bretagne
Burgund
Côte d'Azur/ Monaco
Elsass
Frankreich
Französische Atlantikküste
Korsika
Languedoc-Roussillon
Loire-Tal
Nizza/Antibes/ Cannes/Monaco
Normandie
Paris
Provence

ITALIEN MALTA
Apulien
Dolomiten
Elba/Toskanischer Archipel
Emilia-Romagna
Florenz
Gardasee
Golf von Neapel
Ischia
Italien
Italienische Adria
Italien Nord
Italien Süd
Kalabrien
Ligurien/ Cinque Terre
Mailand/ Lombardei
Malta & Gozo
Oberital. Seen
Piemont/Turin
Rom
Sardinien
Sizilien/ Liparische Inseln
Südtirol
Toskana
Venedig
Venetien & Friaul

SPANIEN PORTUGAL
Algarve
Andalusien
Barcelona
Baskenland/ Bilbao
Costa Blanca
Costa Brava
Costa del Sol/ Granada
Fuerteventura
Gran Canaria
Ibiza/Formentera
Jakobsweg Spanien
La Gomera/ El Hierro
Lanzarote
La Palma
Lissabon
Madeira
Madrid
Mallorca
Menorca
Portugal
Spanien
Teneriffa

NORDEUROPA
Bornholm
Dänemark
Finnland
Island
Kopenhagen
Norwegen
Oslo
Schweden
Stockholm
Südschweden

WESTEUROPA BENELUX
Amsterdam
Brüssel
Dublin
Edinburgh
England
Flandern
Irland
Kanalinseln
London
Luxemburg
Niederlande
Niederländische Küste
Schottland
Südengland

OSTEUROPA
Baltikum
Budapest
Danzig
Krakau
Masurische Seen
Moskau
Plattensee
Polen
Polnische Ostseeküste/ Danzig
Prag
Slowakei
St. Petersburg
Tallinn
Tschechien
Ungarn
Warschau

SÜDOSTEUROPA
Bulgarien
Bulgarische Schwarzmeerküste
Kroatische Küste Dalmatien
Kroatische Küste Istrien/Kvarner
Montenegro
Rumänien
Slowenien

GRIECHENLAND TÜRKEI ZYPERN
Athen
Chalkidiki/ Thessaloniki
Griechenland Festland
Griechische Inseln/ Ägäis
Istanbul
Korfu
Kos
Kreta
Peloponnes
Rhodos
Samos
Santorin
Türkei
Türkische Südküste
Türkische Westküste
Zákinthos/Itháki/ Kefalloniá/Léfkas
Zypern

NORDAMERIKA
Chicago und die Großen Seen
Florida
Hawai'i
Kalifornien
Kanada
Kanada Ost
Kanada West
Las Vegas
Los Angeles
New York
San Francisco
USA
USA Ost
USA Südstaaten/ New Orleans
USA Südwest
USA West
Washington D.C.

MITTEL- UND SÜDAMERIKA
Argentinien
Brasilien
Chile
Costa Rica
Dominikanische Republik
Jamaika
Karibik/ Große Antillen
Karibik/ Kleine Antillen
Kuba
Mexiko
Peru & Bolivien
Yucatán

AFRIKA UND VORDERER ORIENT
Ägypten
Djerba/ Südtunesien
Dubai
Israel
Jordanien
Kapstadt/ Wine Lands/ Garden Route
Kapverdische Inseln
Kenia
Marokko
Namibia
Rotes Meer & Sinai
Südafrika
Tansania/Sansibar
Tunesien
Vereinigte Arabische Emirate

ASIEN
Bali/Lombok/Gilis
Bangkok
China
Hongkong/Macau
Indien
Indien/Der Süden
Japan
Kambodscha
Ko Samui/ Ko Phangan
Krabi/ Ko Phi Phi/ Ko Lanta
Malaysia
Nepal
Peking
Philippinen
Phuket
Shanghai
Singapur
Sri Lanka
Thailand
Tokio
Vietnam

INDISCHER OZEAN UND PAZIFIK
Australien
Malediven
Mauritius
Neuseeland
Seychellen

Viele MARCO POLO Reiseführer gibt es auch als eBook – und es kommen ständig neue dazu!
Checken Sie das aktuelle Angebot einfach auf: www.marcopolo.de/e-books

REGISTER

Im Register finden Sie unter ihrem deutschen Namen alle in diesem Reiseführer beschriebenen Sehenswürdigkeiten, Museen, Ausflugsziele und wichtige Persönlichkeiten. Gefettete Seitenzahlen verweisen auf den Haupteintrag.

SCHREIBEN SIE UNS!

Egal, was Ihnen Tolles im Urlaub begegnet oder Ihnen auf der Seele brennt, lassen Sie es uns wissen! Ob Lob, Kritik oder Ihr ganz persönlicher Tipp – die MARCO POLO Redaktion freut sich auf Ihre Infos.
Wir setzen alles dran, Ihnen möglichst aktuelle Informationen mit auf die Reise zu geben. Dennoch schleichen sich manchmal Fehler ein – trotz gründlicher Recherche unserer Autoren/innen. Sie haben sicherlich Verständnis, dass der Verlag dafür keine Haftung übernehmen kann.

MARCO POLO Redaktion
MAIRDUMONT
Postfach 31 51
73751 Ostfildern
info@marcopolo.de

IMPRESSUM
Titelbild: Basilius Kathedrale (Look/age fotostock)
Fotos: O. Alyoshina (Klappe r., 4 o., 8, 9, 43, 76/77); corbis images/Turiot/photocuisine: Roulier (4 u., 64/65); DuMont Bildarchiv: Teschner/Gaasterland (38, 61, 118/119, 119); F. M. Frei (11); Getty Images: Rick Barrentine (18 u.), Walter Bibikow (10), Franz Marc Frei (48), Jon Hicks (16/17), Tatiana Kolesnikova (3), Max Ryazanov (108), Vladimir Zakharov (14); Getty Images/AFP: Vasily Maximov (117); Getty Images/Anadolu Agency/Kontributor (116/117); Getty Images/Bloomberg/Kontributor (83, 84); Getty Images/Loop Images/Kontributor (81); Getty Images/Redrockschool (18 o.); huber-images: Andrea Armellin (54), Gräfenhain (5, 26/27, 44, 57, 102/103, 120 u., 132/133), Lisa Linder (47), Giovanni Simeone (53); La Terra Magica: Lenz (Klappe l.), Wothe (35); Laif: Dominik Asbach (66), Wojtek Buss (58), Heuer (78), Hill (73), James Hill (2, 99, 100), Nicholl (86/87, 118); Laif/Le Figaro Magazine: Eric Martin (32, 69, 94/95); Laif/Redux: Humphreys (91), Kozmin (88); Laif/SZ Photo: Jose Giribas (62/63, 96); Look: Frei (121); Look/age fotostock (1 o., 12/13, 36); mauritius images/Alamy (6, 51, 116), Joeri De Rocker (7), Anton Oparin (19 o.), Simon Reddy (74), Nikolay Vinokurov (92), John Williams (20/21); mauritius images/Alex's Pictures-Moscow/Alamy (22); mauritius images/Art Directors & TRIP/Alamy (25); mauritius images/foodcollection (70 r.); mauritius images/imagebroker: Igor Sinitsyn (30), Julie Woodhouse (70 l.); mauritius images/Westend61/Fotofeeling (40/41); mauritius images/Zoonar/Alamy (113); Moscow Parkour Academy: Dmitry Plenkin (19 u.); K. Scheib (1 u.); SOHO ROOMS (18 M.); N. Volkova (120 o.)

14. Auflage 2017
Komplett überarbeitet und neu gestaltet

Chefredaktion: Marion Zorn
Autor: Gisbert Mrozek, Bearbeiterin: Katrin Scheib, Redaktion: Christina Sothmann
Verlagsredaktion: Lucas Forst-Gill, Susanne Heimburger, Tamara Hub, Nikolai Michaelis, Kristin Schimpf, Martin Silbermann
Bildredaktion: Gabriele Forst, Stefanie Wiese
Im Trend: wunder media, München
Kartografie Reiseatlas: © MAIRDUMONT, Ostfildern; Kartografie Faltkarte: © MAIRDUMONT, Ostfildern
Gestaltung Cover, S. 1, S. 2/3, Faltkartencover: Karl Anders – Büro für Visual Stories, Hamburg; Gestaltung innen: milchhof:atelier, Berlin; Gestaltung Erlebnistouren: Susan Chaaban Dipl.-Des. (FH)
Sprachführer: in Zusammenarbeit mit Ernst Klett Sprachen GmbH, Stuttgart, Redaktion PONS Wörterbücher

Printed in China

FSC www.fsc.org MIX Paper from responsible sources FSC® C011918

BLOSS NICHT

Moskau ist durchaus sicher – wenn Sie ein paar Regeln beachten

GELD UND DOKUMENTE OFFEN TRAGEN

Die Zeit der extremen Massenarmut in Moskau ist vorbei, aber zeigen Sie trotzdem keine Geldbündel. Taschendiebe gibt es immer noch. Tragen Sie Geld und vor allem Dokumente nicht in Außentaschen. Und achten Sie im Gedränge der Metro auf Ihre Handtasche.

AUF TRICKDIEBE REINFALLEN

Besonders im Umkreis des Roten Platzes treiben Trickdiebe ihr Unwesen. Lassen Sie sich nicht darauf ein, wenn Ihnen plötzlich ein Passant ein „ eben" am Boden „gefundenes" Geldbündel in die Hand drücken will. Sie könnten schnell Opfer einer Erpressung werden.

AUS FREMDEN FLASCHEN TRINKEN

Wenn Sie schon mit fremden, aber lustigen Moskowitern ein Getränk nehmen, dann trinken Sie unbedingt nur aus dem eigenen Glas, der eigenen Flasche. Lassen Sie sich keine Betäubungsmittel ins Bier schütten und nehmen Sie keine Getränke von Taxifahrern an.

IM BERUFSVERKEHR METRO FAHREN

Die Metro ist meist das schnellste Verkehrsmittel. Aber in der Hauptverkehrszeit von 8 bis 10 und 18 bis 20 Uhr ist die U-Bahn hoffnungslos überfüllt. Wer Gedränge scheut, sollte in dieser Zeit auch die Unterführungen zwischen den Metrostationen im Zentrum meiden.

AN PFÜTZEN UND UNTER EISZAPFEN STEHEN

Bei Regen und Tauwetter bilden sich auf den Straßen oft große Pfützen, die von den Autos nicht umfahren werden können. Halten Sie Abstand! Und gehen Sie bei Tauwetter nicht dicht an Hauswänden entlang. Jedes Jahr werden einige Unvorsichtige von herabstürzenden Eiszapfen erschlagen. Nicht jede Gefahrenstelle ist gekennzeichnet. Halten Sie die Augen offen!

AUF HOHEN ABSÄTZEN SPAZIEREN GEHEN

Haben Sie längere Wege vor sich, wählen Sie lieber bequeme Schuhe. Viele Moskauerinnen ziehen im Theater die Highheels erst in der Garderobe an und deponieren die Straßenschuhe dort.

TAXI FAHREN, WENN DER FAHRER NICHT ALLEIN IST

Sie können immer ein offizielles Taxi bestellen oder ein Privatauto am Straßenrand heranwinken, wie in Moskau üblich. Steigen Sie nur ein, wenn der Fahrer allein und dem Anschein nach nüchtern ist. Handeln Sie unbedingt den Preis aus, bevor Sie einsteigen.

HAUPTSTRASSEN EINFACH SO ÜBERQUEREN

Wenn Ihnen Ihr Leben lieb ist, nutzen Sie Fußgängerunterführungen und Ampeln, selbst wenn es Umwege bedeutet. Moskauer fahren schnell und ohne Rücksicht auf Fußgänger.